“十四五”创新型学前教育专业精品教材

幼儿园班级管理

Kindergarten Class Management

主　编　冉时雨　韦文华　彭晓雪
副主编　俸　雨　刘小龙　胡　敏　唐德拯　徐芬芬

东南大学出版社
SOUTHEAST UNIVERSITY PRESS
·南京·

内容简介

本书分幼儿园班级管理概述、幼儿园班级管理的过程、幼儿园班级常规工作管理、幼儿园班级卫生保健管理、幼儿园班级安全管理、各年龄班幼儿的班级管理、幼儿园班级环境创设、幼儿园班级家长工作管理、幼儿园保教人员的自我管理九个项目对幼儿园班级管理的内容进行了阐释，并配有案例，内容丰富、实践性强。

本书采用“项目”和“任务”的模式来建构学习内容。每个项目下有对应的学习任务来支撑，每个项目均通过“学习目标—思维导图—案例导入—知识拓展—实战演练”等教学程序来实现教学目标。本书改变了传统教材只注重知识却忽略能力培养的倾向，同时结合教师资格考试的内容，针对当前学前教育的热点问题进行讨论，使学生能真正掌握和具备班级管理的知识、能力和素质，为学生可持续发展奠定良好基础。本书可作为高等职业院校学前教育专业教材，也可作为幼儿园教师和幼儿教育培训机构的工作指导用书。

图书在版编目（CIP）数据

幼儿园班级管理 / 冉时雨，韦文华，彭晓雪主编
. — 南京 ：东南大学出版社，2024.2（2024.7 重印）
ISBN 978-7-5766-1208-0

Ⅰ.①幼… Ⅱ.①冉… ②韦… ③彭… Ⅲ.①幼儿园
—班级—学校管理 Ⅳ.①G617

中国国家版本馆 CIP 数据核字（2024）第 025351 号

责任编辑：褚　婧　　**责任校对：**张万莹　　**封面设计：**王　玥　　**责任印制：**周荣虎

幼儿园班级管理　Youeryuan Banji Guanli

主　　编　冉时雨　韦文华　彭晓雪
出版发行　东南大学出版社
出 版 人　白云飞
社　　址　南京市四牌楼 2 号（邮编：210096　电话：025－83793330）
经　　销　全国各地新华书店
印　　刷　苏州市古得堡数码印刷有限公司
开　　本　787 mm×1092 mm　1/16
印　　张　12
字　　数　250 千字
版 印 次　2024 年 2 月第 1 版第 2 次印刷
书　　号　ISBN　978-7-5766-1208-0
定　　价　42.00 元

本社图书若有印装质量问题，请直接与营销部联系，电话：025－83791830。

前言

幼儿园班级是幼儿园开展幼儿保育和教育的基本单位。幼儿园班级管理工作的好坏直接体现了幼儿园办园水平和保教质量的高低。做好班级管理、提升班级管理的质量，可以为幼儿的健康成长营造一个良好的环境，为幼儿的全面和谐发展打下坚实的基础。

《幼儿园班级管理》是学前教育专业的一门兼具基础性和应用性的职业能力核心课程。同时，该课程也在幼儿园教师资格证笔试“保教知识与能力”和“综合素质”的考查范围中。针对过去教材存在逻辑体系不科学，偏重于理论知识，对实践操作指导不够，教材自成体系、缺乏沟通衔接，与专业教材配套的实践教材严重不足和教材建设立体化程度不够等问题，本教材打破了以往课程过分理论化的传统，在教学内容的组织方面，采用“项目”和“任务”的模式来建构学习内容。每个项目下有对应的学习任务来支撑，每个项目均通过“学习目标—思维导图—案例导入—知识拓展—实战演练”等教学程序来实现教学目标。本书改变了传统教材只注重知识，却忽略能力培养的倾向，同时结合教师资格考试的内容，针对当前学前教育的热点问题进行讨论，使学生真正掌握和具备班级管理的知识、能力和素质，为学生可持续发展奠定良好基础。

本书的编写紧紧围绕《幼儿园工作规程》《幼儿园教育指导纲要（试行）》《3—6岁儿童学习与发展指南》等重要文件精神，结合《幼儿园教师专业标准（试行）》等对幼教师资培养的要求，主要突出以下四个特色：1. 坚持产教融合，校企双元开发；2. 坚持育人为本，体现时代特色；3. 坚持职教特色，突出质量为先；4. 坚持改革创新，完善配套资源。本书由冉时雨、韦文华、彭晓雪担任主编，由倖雨、刘小龙、胡敏、唐德拯、徐芬芬担任副主编。

本书在编写过程中，参考、借鉴了许多专家和学者的研究成果，在此特作说明，并表示衷心的感谢和深深的敬意。由于编写时间及编写人员水平有限，疏漏与不足之处在所难免，恳请各位专家、学者及读者给予批评指正，以便不断修订完善。

编　者

2023年10月

目录

项目一　幼儿园班级管理概述 …… 001

学习目标 …… 002

思维导图 …… 002

案例导入 …… 002

任务一　幼儿园班级管理的含义和内容 …… 003

任务二　幼儿园班级管理的结构 …… 005

任务三　幼儿园班级管理的原则和方法 …… 008

知识拓展 …… 012

实战演练 …… 013

项目二　幼儿园班级管理的过程 …… 015

学习目标 …… 016

思维导图 …… 016

案例导入 …… 016

任务一　幼儿园班级管理计划的制订 …… 017

任务二　幼儿园班级管理的组织与实施 …… 021

任务三　幼儿园班级管理的检查与调整 …… 025

任务四　幼儿园班级管理的总结与评价 …… 028

知识拓展 …… 031

实战演练 …… 031

项目三　幼儿园班级常规工作管理 …… 033

学习目标 …… 034

思维导图 …… 034

案例导入 …… 034

任务一　幼儿园班级常规管理概述 …… 035

任务二　幼儿园班级一日生活的组织与管理 …… 039

任务三　幼儿园班级常规管理的方法 …… 052

知识拓展……054
实战演练……055

项目四　幼儿园班级卫生保健管理……057
学习目标……058
思维导图……058
案例导入……058
任务一　幼儿园班级卫生保健管理概述……059
任务二　幼儿园班级卫生保健管理的内容……060
任务三　幼儿园班级卫生保健管理的落实……072
知识拓展……075
实战演练……075

项目五　幼儿园班级安全管理……077
学习目标……078
思维导图……078
案例导入……078
任务一　幼儿园班级安全管理概述……079
任务二　幼儿园班级安全管理工作的组织……080
任务三　幼儿园突发事件的应急处理……084
知识拓展……090
实战演练……090

项目六　各年龄班幼儿的班级管理……091
学习目标……092
思维导图……092
案例导入……092
任务一　小班班级管理……093
任务二　中班班级管理……097
任务三　大班班级管理……101
任务四　混龄班班级管理……108
知识拓展……111
实战演练……112

项目七　幼儿园班级环境创设 …… 113
学习目标 …… 114
思维导图 …… 114
案例导入 …… 114
任务一　幼儿园班级环境概述 …… 115
任务二　幼儿园班级物质环境创设 …… 120
任务三　幼儿园班级心理环境创设 …… 133
知识拓展 …… 137
实战演练 …… 137

项目八　幼儿园班级家长工作管理 …… 139
学习目标 …… 140
思维导图 …… 140
案例导入 …… 140
任务一　幼儿园班级家长工作概述 …… 141
任务二　幼儿园班级家长工作的原则和内容 …… 143
任务三　幼儿园班级家长工作的方式 …… 149
知识拓展 …… 155
实战演练 …… 155

项目九　幼儿园保教人员的自我管理 …… 157
学习目标 …… 158
思维导图 …… 158
案例导入 …… 158
任务一　幼儿园保教人员的基本职责 …… 159
任务二　如何成为一名优秀的幼儿园教师——《幼儿园教师专业标准（试行）》解读 …… 160
知识拓展 …… 168
实战演练 …… 169

附录 …… 170
幼儿园工作规程 …… 170
幼儿园教师专业标准（试行） …… 179

参考文献 …… 184

项目一

幼儿园班级管理概述

项目一
微课视频

学习目标

知识目标	了解幼儿园班级管理的含义、内容和结构。
技能目标	能够根据幼儿园班级管理的原则，使用幼儿园班级管理的方法高效地开展工作。
素质目标	具备幼儿园班级管理工作所必需的良好品德，热爱学前教育事业；树立正确的幼儿园班级管理观念，愿意进一步探究幼儿园班级管理的内容和方法。

思维导图

- 幼儿园班级管理概述
  - 幼儿园班级管理的含义和内容
    - 幼儿园班级管理的含义
    - 幼儿园班级管理的内容
  - 幼儿园班级管理的结构
    - 保教人员
    - 物质设施
    - 组织结构
  - 幼儿园班级管理的原则和方法
    - 幼儿园班级管理的原则
    - 幼儿园班级管理的方法

案例导入

我为什么不可以？

每天进餐之前，老师都会再次提醒幼儿关于进餐的要求，比如要安静进餐，不能挑食、浪费等。在吃饭的过程中，老师也会一直提醒幼儿。一天早上，大班的老师们给孩子们分发好早餐，也在旁边开始吃起来，王老师一边吃一边和另外两个老师聊了起来，声音还不小。蔡老师一边说话一边当着孩子的面把包子皮丢掉了，原来她只吃馅儿不吃皮。这时，只见毛毛一边吃饭，一边东张西望，还试图和旁边的豆豆说话，王老师大声地说："毛毛、豆豆，专心吃饭，不许说话。"康康把一个刚咬了一口的包子扔进了垃圾桶，王老师又说道："康康，你怎么这么浪费？"说完孩子，几个老师继续边吃边聊。刚刚被王老师批评过的康康不服气地说："为什么你们可以说话，还把包子皮丢掉，我为什么不可以？"3～6岁的幼儿以模仿为主要学习方式，而这个年龄的幼儿又具有非常明显的向师性，所以老师就是孩子最好的榜样。作为教师，我们不能双标，必须要以身作则，才能真正成为孩子模仿和学习的榜样。

任务一　幼儿园班级管理的含义和内容

幼儿园班级是幼儿园开展幼儿保育和教育的基本单位。幼儿园班级的管理水平与幼儿园的保教质量密切相关，做好班级管理，提升班级管理的质量能够为幼儿的全面和谐发展打下坚实的基础。

一、幼儿园班级管理的含义

管理是人类社会最古老、最普遍的现象之一，可以说，自从有了人类社会，就有人类的管理活动，管理无处不在、无时不在。管理是指一定组织中的管理者，通过实施计划、组织、领导、协调、控制等职能来协调他人的活动，使别人同自己一起实现既定目标的活动过程，是人类各种组织活动中最普通和最重要的一种活动。

班级管理是指教师通过计划、组织、协调和控制，对班级中的各种资源进行管理，以实现教育目标的过程。它是一种有目的、有计划、有步骤的社会活动，体现了教师与学生之间的双向活动。班级管理的对象是班级中的各种教育资源，主要是学生；主要手段是计划、组织、协调和控制；目的是使学生得到充分、全面的发展。

基于管理和班级管理的基本定义，我们可以对幼儿园班级管理做出如下定义：幼儿园班级管理，又称幼儿园班级经营，一般是指幼儿园班级中的保教人员通过计划、组织、实施、调整等过程协调班集体内外的人、财、物、时间、空间、信息，以达到高效率实现保育和教育目的的综合性活动。

我们可以从以下几个方面来理解幼儿园班级管理的定义：

1. 幼儿园班级管理是由保教人员实施的，即管理的主体是人，既可以是一个人，也可以是一群人。

2. 幼儿园班级管理是通过计划、组织、实施、调整等环节来实现的。

3. 幼儿园班级管理的对象主要是幼儿，此外还包括班级内外的人、财、物、时间、空间、信息等。不同管理活动的对象不同，可以是人或任何其他因素的综合。

4. 幼儿园班级管理是一种为实现幼儿园保教结合目标而开展的综合性活动，管理的最终目标是采取恰当的方法使幼儿获得全面健康的发展。

二、幼儿园班级管理的内容

为实现幼儿园的保教目标，教育工作者需全面剖析幼儿园班级管理的内容。从纵横两个不同的视角来看，幼儿园班级管理的内容十分丰富，涉及的内容很广泛。从横向视角看，包括人、事、物、时间、空间和信息的管理；从纵向视角看，囊括了从幼儿入园到一日常规，从安全管理到卫生保健管理，从保教人员自我管理到家长工作管理等内容。虽然这两个视角是从不同的角度看待幼儿园班级管理的内容，但是在一些具体的方面内容也有所交叉，本书主要从纵向——工作模块的角度来分析幼儿园班级管理的内容。从工作模块的角度来看，幼儿园班级管理的内容可以分为幼儿入园适应工作、班级环境创设、班级一日常规工作管理、班级安全管理、班级卫生保健工作管理、保教人员的自我管理、家长工作管理七个模块。

（一）幼儿入园适应工作

幼儿园班级管理中教师要做的第一步是做好幼儿入园准备和新生入园适应指导工作。做好幼儿入园准备，为新入园的幼儿提供一个良好的幼儿园生活和学习环境，帮助幼儿尽快适应幼儿园生活，使幼儿真正感受到幼儿园生活的快乐，真正喜欢上幼儿园。为幼儿和幼儿家长提供新生入园适应指导帮助，帮助幼儿适应幼儿园生活，帮助家长了解幼儿园，对家长提出有关教养子女方面的具体要求，帮助家长克服幼儿入园的不适应心理，促进家园共育。

（二）班级环境创设

环境作为一种重要的教育资源，有人称之为幼儿的“第三位教师”。环境在促进幼儿的认知、能力、情感、个性与社会性等方面都发挥着重要作用。幼儿园班级环境按其性质可分为物质环境和心理环境两大类。幼儿园班级环境的创设需要遵循安全性、发展适宜性、教育性、幼儿主体性、经济性等原则，使班级环境创设更加科学化，真正为班级教育活动的开展服务。

（三）班级一日常规工作管理

在幼儿园班级管理中，一日常规的管理占据了重要地位，一日常规的管理贯穿了幼儿的一日生活，主要包括入园、进餐、教育活动、睡眠、饮水、盥洗、如厕和离园等环节。做好幼儿园班级一日常规工作管理，能够培养幼儿良好的生活习惯和学习习惯。

（四）班级安全管理

《幼儿园教育指导纲要（试行）》（以下简称《纲要》）指出：“幼儿园必须把保护幼儿的生命和促进幼儿的健康放在工作的首位……”由此可见幼儿园班级安全管理的重要性。安全管理是贯穿于幼儿园班级管理的重要工作，主要是指保障幼儿的安全，包括身体安全和心理安全、入园离园的安全、户外活动与区域活动的安全、生活环节的安全以及突发事件的应急处理等。可以说，幼儿园班级安全管理是所有班级工作的前提和保障。因此，班级人员要树立安全意识，进而做好班级各类事项的安全管理。

（五）班级卫生保健工作管理

卫生保健工作是幼儿园班级工作的重要组成部分，是对儿童个人和集体采取的医疗保健和卫生防疫相结合的措施，是为保证儿童身心正常发育和健康成长而实施的各种措施。幼儿园班级卫生保健工作的主要任务是贯彻以预防为主、保教结合的工作方针，为儿童创造良好的生活环境，预防控制传染病，降低常见病的发病率，培养健康的生活习惯，保障儿童的身心健康。

（六）保教人员的自我管理

教师和保育员是幼儿园班级管理的主要承担者。教师全面负责幼儿园班级保教工作，其基本职责包括科学制订工作计划、有序地开展班级保教工作、注重幼儿个体差异，因材施教、密切联系幼儿家长，实施家园共育等。保育员则要配合教师组织活动，其基本职责包括清洁卫生、安全防护、幼儿生活管护、物品保管等。教师与保育员应一起做好幼儿园班级管理的各项准备工作。

（七）家长工作管理

幼儿园班级家长工作主要是指班级教师集体面向幼儿家长所开展的一系列互动活动，目的在于形成家园共育的合力，更好地促进幼儿全面发展和达成班级的管理目标。家长是幼儿的第一任教师，家长影响着幼儿的生活习惯、生活态度和人格发展，他们是对幼儿实施教育的重要力量。对幼儿的教育不是幼儿园或家庭单方面的责任，它需要教育工作者与家长共同合作，互动支持，资源共享，共同实施对幼儿的教育工作。幼儿园班级开展形式多样的家长工作，具有提升家长科学育儿能力，实现教育一致性，促进幼儿身心健康发展，整合家长的专业优势，提高班级教育活动质量等重要意义。

任务二　幼儿园班级管理的结构

一般来说，幼儿园以班级作为保教工作的基本组织形式，幼儿园班级是由幼儿和保教人员共同组成的学习和生活集体。幼儿园班级是除了家庭以外与幼儿关系最密切的场所，其对幼儿的发展有着非常重要和直接的影响。幼儿园班级管理的结构主要可以从人和物两个角度构建。

一、保教人员

《幼儿园工作规程》（以下简称《规程》）中提到，教师和保育员是幼儿园班级管理的主要承担者，担负着对幼儿进行保育和教育的双重任务。因此，作为班级工作的承担者，保教人员的数量和质量直接影响到幼儿园保教目标的实现。目前，幼儿园大多采取“两教一保制”，三人密切配合以完成幼儿园班级的保教任务。

（一）教师

《幼儿园教师专业标准》（以下简称《专业标准》）中对幼儿园教师定义如下：“幼儿园教师是履行幼儿园教育工作职责的专业人员，需要经过严格的培养与培训，具有良好的职业道德，掌握系统的专业知识和专业技能。”学前教育质量提升的关键与核心便是教师队伍质量的提升。国际经验也表明，幼儿园教师的质量决定着学前教育的质量，高素质、专业化的幼儿园教师队伍是高质量学前教育和儿童健康发展的重要保障。

（二）保育员

保育员是指在托幼机构、社会福利机构及其他保育机构中，辅助教师负责婴幼儿保健、养育和协助教师对婴幼儿进行教育的人员。保育员也承担着教育者的责任，保育员的工作中蕴含着丰富的教育元素，包括生活常识教育、健康教育、卫生习惯和行为的宣传教育、仪表礼仪教育、安全教育、性教育等。

就具体职责而言，教师和保育员存在一定的差别，项目九将详细进行论述。

二、物质设施

幼儿园班级的物质因素设施主要包括空间环境、设备等，物质设施是教师开展教育活动的前提。

（一）空间环境

空间环境主要是指幼儿园的房舍和活动场地。班级的环境主要是指班级室内的活动空间，是幼儿学习和活动的重要场所。《托儿所、幼儿园建筑设计规范》（JGJ 39—2016）中对幼儿园的空间环境有着明确的规定，如幼儿园每班专用室外活动场地人均面积不应小于 2 平方米；活动室、寝室及具有相同功能的区域冬至日底层满窗日照不应小于 3 小时等。《规程》第三十五条明确规定：“幼儿园应有与其规模相适应的户外活动场地，配备必要的游戏和体育活动设施，创造条件开辟沙地、水池、种植园地等，并根据幼儿活动的需要绿化、美化园地。”

空间环境相对较大，幼儿就能在班级中自由地进行各种活动，充分发挥环境与幼儿之间的相互作用。目前公立园一般能达到规定要求，部分私立园达不到，如果由于客观条件限制，空间环境相对狭小，园方则应想办法巧妙设计并充分利用空间，变不利为有利。

（二）设备

1. 玩、教具。班级内应配备数量充足、种类多样的玩、教具材料。教师提供的材料要适合幼儿的年龄特点：小班应提供数量较多的同类材料；中大班的游戏材料应种类更多，且较为复杂，以激发幼儿在游戏中探索。在集体教育活动中，应多提供蕴含教师预先建构好的知识体系、系统性较强的高结构性材料；而在区域活动中，则应该多提供能供幼儿自由选择和操作的低结构性材料。材料要摆放整齐，在使用中注重培养幼儿的良好习惯。

2. 图书。班级应提供一定数量的、适合幼儿的图书，一般以绘本为主。图书区最好设置在光线较好的安静位置，图书数量一般以人均1～3册为宜。

3. 家具。家具包括桌椅、床、卫生生活设施等。桌椅的尺寸要符合幼儿的身体发展特点，应保证一人一椅。幼儿使用的床以木板床为宜，根据空间大小可选择平铺在睡眠室或每天收纳，保证一人一床。活动室的卫生生活设施，如饮水设备、水杯架、毛巾要便于幼儿取放，每个幼儿应有个人专用毛巾架，应在毛巾、水杯等物体上贴上标志以便于幼儿进行辨识。

三、组织结构

在幼儿园中，组织教育活动的基本形式有班集体、小组和个体三种。三种组织形式能促进幼儿不同方面的发展，在班级管理中，应根据活动类型和内容单独或组合使用。

（一）班集体

班集体是班级的基本组织形式。采用班集体的形式可以较集中、高效地达成教育目标，以减轻教师的教学负担。教师在班集体管理工作中，要加强幼儿对班集体的理解，利用班集体的合作力量、竞争效应对幼儿进行教育和引导。

（二）小组

小组是班级的基层组织形式，主要分固定小组和临时小组两种。固定小组一般是由老师根据幼儿的特点进行分组，这种分组形式有利于幼儿的生活和学习。临时小组往往是根据一定的需要临时组建的小组。这类小组的成员经常随活动的内容而变化。总之，无论是固定小组还是临时小组，它们都可以给幼儿提供更多交流互动的机会，更利于活动的完成。教师应引导幼儿开展小组活动，促进幼儿社会性的发展。

（三）个体

个体是指班级内的每个成员，个体活动是指幼儿独立开展的活动，多出现在区域活动中。在班级活动中，一方面要发挥幼儿的自主性，给予其活动的自由；另一方面又需要个体适应集体，努力成为集体的一员。

任务三　幼儿园班级管理的原则和方法

虽然教无定法、学无定法，幼儿园教师在班级管理中拥有很多自主权，但并不意味着可以随意而为之。为保证幼儿园班级管理工作的顺利开展，为幼儿提供良好的班级环境，更好地促进幼儿全面发展，幼儿园保教人员必须遵循一定的原则、借助一定方法开展幼儿园班级管理。

一、幼儿园班级管理的原则

幼儿园班级管理的原则是保教人员进行班级管理时必须遵守的基本行为准则，是结合幼儿园班级管理的特点，在班级管理过程中的经验总结和概括，它反映了幼儿园班级管理的基本规律，对班级管理工作的开展具有指导意义。根据《纲要》的精神要求，结合幼儿园班级管理实践，幼儿园班级管理过程中需要遵循以下四大原则——主体性原则、整体性原则、参与性原则和高效性原则。

（一）主体性原则

在幼儿园班级中，教师是管理的主体，幼儿则是学习和游戏的主体，二者的主体地位都需要被重视。基于此，主体性原则包含以下两个含义：一是指幼儿园班级的保教人员作为管理者，在管理过程中具有主动、自主和创造性地开展管理活动的权利；二是指幼儿作为学习者，具有满足自身发展需要和兴趣的权利。

在班级管理中，教师和幼儿的主体地位是相互依存、相互促进的。首先，教师为了实现自身管理者的主体地位，就必须重视幼儿这一最重要的管理对象。教师要充分考虑幼儿的身心发展特点，尊重个体差异，满足个体需要，促进每个幼儿在原有水平上得到充分的发展，充分落实教师的管理地位。其次，幼儿虽然是学习的主体，但由于年龄和身心发展水平的限制，幼儿成长所需的适宜性环境需要教师来引领创设，幼儿的兴趣和需求需要教师敏锐地洞察和记录，幼儿学习和游戏的开展所需要的时间、空间、材料等都需要教师予以支持，因此落实幼儿学习者的主体地位离不开教师管理者主体地位的落实，这样才能为幼儿发展提供充分的支持与保障。要贯彻这一基本原则，教师在幼儿园班级管理中需明确班级管理的职责，把握好班级管理的工作内容，及时更新管理理念，提高管理能力，更要充分尊重和接纳幼儿，发挥幼儿的主体性。

（二）整体性原则

整体性原则是指教师在管理中要将作为管理对象的人和事都全面纳入。在人的方面，幼儿园班级管理应面向全体幼儿，保证班级全体幼儿的共同进步而不是部分幼儿的超常发展。在事的方面，幼儿园班级管理对象是财、物、时间、空间、信息等因素的综合，要保证班级各种管理要素得到充分利用。贯彻整体性原则应注意以下两个方面：

1. 班级管理不仅是对班集体的管理，也是对每个幼儿个体的管理

班级保教人员应树立综合整体的教育观念，把全班幼儿作为一个系统和整体来对待。整体性原则要求教师在组织班级管理工作过程中，面向班级整体水平，在提出班级基本要求的同时又关注个别幼儿的特别需求，以有效的方式加以引导，处理好一般与个别、统一与多样的关系，保证全班每个幼儿都能在原有基础上得到尽可能充分的发展。

2. 班级管理不只是对人的管理，还涉及对财、物、时间、空间等要素的管理

幼儿园班级管理是幼儿园管理的核心工作，是指教师及相关教育工作者遵循国家学前教育政策法规，按照幼儿身心发展规律和保教工作的工作规律，采用科学的工作方式和管理手段，将人、事、物、时间、空间、信息等要素合理组织起来，为实现学前教育目标而进行的管理活动。幼儿园班级管理不仅是对幼儿一日生活活动进行管理，还包括对班级环境、活动材料、活动时间的分配和协调，以及对教育信息和教育资源的整合，这样的整合管理才能达到教育目标。

（三）参与性原则

参与性原则指要将有利于班级管理的人员都吸纳进来，人员之间平等相处。在园内，教师在管理过程中不以管理者的身份高高在上，而是要以多种形式参与到幼儿的活动中去，在活动中民主、平等地对待幼儿，与幼儿共同开展有益的活动，建立有效、和谐的师幼互动。同时，教师还要引导幼儿家长参与班级管理工作，理解和支持班级的各项管理工作，共同致力于促进幼儿的健康发展，建立经常性的家园双向沟通联系。

（四）高效性原则

高效性有两层含义，一是管理过程要高效率，二是管理结果要高效果。管理的根本目的是提高效益，而高效性原则就是指教师以最经济的人力、物力和时间等，尽可能使幼儿获得更多、更全面、更好的发展，或是指幼儿园班级内人尽其才、物尽其用、物放有序，最大限度地提高幼儿园班级管理工作效率，促进幼儿的全面健康发展。为了落实这一原则，教师不仅要明确班级管理目标、内容和过程，促进班级管理高效化，还要最大限度地调动家长参与班级管理的热情，提高家长的教育能力，保证家园一致，形成教育合力。

二、幼儿园班级管理的方法

选择适宜的班级管理方法，有效地组织和利用各种资源，提高班级工作的成效，是幼儿园教师基本的工作技能。自学前教育从大教育体系中分化出来，自世界产生第一所专门的幼儿教育机构，为了促进幼儿全面和谐发展，前人在共同努力下总结出了规则引导法、互动指导法、榜样激励法、时间管理法等四种基本管理方法，这对工作经验匮乏的新手教师来说尤其宝贵。但教无定法、学无定法，幼儿园班级管理的方法也在随着教育观念的更新而不断得到创新，希望各位同学和老师能在这些基本方法的基础上创造性地进行班级管理。

（一）规则引导法

规则引导法是指在幼儿园班级中运用规则引导幼儿形成良好的行为习惯，使幼儿的发展与班级的教育要求相一致的班级管理方法。制订班级规则不仅仅是要幼儿简单地遵守规则，而是要帮助幼儿认同规则，进而遵守规则，形成良好的行为习惯。幼儿对规则的认识、遵守到内化为自身行为准则的过程，是其对规则认同的过程。幼儿园对幼儿的规则引导教育应尊重幼儿的主体地位，遵循幼儿身心发展特点，制订科学的班级规则，促进幼儿对规则的认知、遵守、内化。规则引导法在操作过程中要注意以下几点：

（1）引导幼儿参与班级规则的制订，这有利于幼儿更好地理解和执行规则。

（2）保持规则的一致性和一贯形。班级规则一经制订，不能因时、因事、因人随意更改。

（3）班级规则的内容要明确且简单易行，增进幼儿对规则的自知与自觉。

（4）给幼儿提供体验和实践的机会，引导幼儿在活动中掌握和遵守规则。

① 在实践中体验，巩固幼儿对规则的遵守意识。

② 给予肯定，鼓励幼儿遵守与执行规则。

为了让幼儿更好地遵守规则，制订规则还要考虑幼儿的实际需要和个别差异。幼儿园教师在制订规则时需要考虑制订的规则是否符合幼儿的实际需要。由于每个幼儿的家庭背景不同，身体状况、兴趣爱好和生活特点也千差万别，因此，在制订班级规则时需要考虑幼儿的个别需要、年龄差异以及需求差异等因素，只有这样才能更好地促进幼儿身心健康发展。

老师，我吃不下

因为之前有家长反映孩子在幼儿园没吃饱，园长就给每个班级的老师下了任务，要求每个小朋友必须添第二碗饭，而且要求老师以表扬添饭的幼儿的方式来激励其他幼儿多吃。一天晚餐的时候，中班的主班王老师被临时安排了任务，就由配班李老师负责，李老师刚刚毕业来园，她心里只记得园长说每个小朋友都要添第二碗饭，于是就固执地执行着。佳佳吃完了一碗就想放碗，李老师说不行，你还要再吃一碗，于是又给佳佳添了一碗，乖巧的佳佳也不敢多说，只能端着碗回到座位上，慢慢地一口一口往嘴里塞，突然，听到“哇”的一声，佳佳吐了，李老师吓坏了，连忙叫来了保育张老师一起处理，佳佳泪眼婆娑地对李老师说：“老师，我吃不下了。”后来，整个幼儿园也反思了这件事情，佳佳虽然已经 4 岁了，但个头却是班里最小的，之前给她添第二碗她勉强能吃完，老师也就没有过多关注，其实她已经吃得不太舒服了，但又不敢说。今天正好佳佳有些感冒，一吃多就直接吐了，才让老师们意识到这种规则是不可取的。因为有的幼儿确实饭量小，吃不下第二碗饭，长期强制性地要求幼儿吃下更多的食物，反而会对幼儿的身心健康造成负面影响。

(二) 互动指导法

互动是指在幼儿园班级的一日生活中，幼儿与园内的人、事、物及环境在互动中进行活动与学习。对幼儿互动行为的指导是班级管理的重要一环，通过指导幼儿积极主动地与他人进行交往，促进幼儿社会性等方面的发展，从而达到有效管理幼儿园班级的目的。互动指导法的操作需要注意以下两点：

1. 教师要不断强化自身的有效互动意识，在一日生活中要善于实施有效的师幼互动

教师应是良好师幼互动环境的创设者、积极互动活动的组织者与引导者，需要更多地关注幼儿的情感、需要与实际情况，有意识地去促进幼儿主体性的发展。教师要借助一日活动的各个环节与幼儿实施有效互动，开展生成教育，培养幼儿良好的生活习惯和学习品质。

2. 教师在互动过程中要注意适宜性、适时性和适度性

(1) 适宜性。适宜性是指在互动过程中，教师对幼儿的指导是根据幼儿的年龄特

点、个性特点、活动的熟悉程度以及环境等各方面的因素进行的。

（2）适时性。适时性是指在活动过程中，教师需要考虑指导的时机，关注在不同活动阶段进行指导的价值，以及对幼儿造成的影响。

（3）适度性。适度性是指教师对幼儿的指导要注意指导的强度和深度，需要从幼儿活动的实际情况、幼儿的认知发展水平出发，指导不能过于笼统，也不能过深、过难。

（三）榜样激励法

榜样激励法是运用正面的榜样为幼儿树立正确的道德规范和行为准则，进而达到管理目的。通过建立榜样，可以引导幼儿主动改正不良的行为习惯，逐渐养成良好的行为习惯。榜样激励法的操作需要注意以下方面：

1. 榜样的选择要健康、形象、具体

幼儿的模仿能力强，健康、形象、具体的榜样不仅能诱发幼儿产生良好的行为表现，而且能以直观的方式让幼儿知道正确的行为途径和方法。榜样的来源是多样的，既可以是教师自身，也可以是其他的幼儿，还可以是文艺作品中的人物等，但不管来源如何，都要是幼儿所熟知的真实具体的存在，只有具体、形象的榜样才能引起幼儿的注意。同时，对幼儿应坚持正面教育原则，因此选择的榜样都应是积极、健康向上的，不宜选择反例。

2. 榜样的树立过程要公正、有权威

幼儿爱模仿，这个阶段中教师是幼儿心目中的权威，教师鼓励、表扬哪些行为，幼儿会有意识地学习这些行为。在这个阶段，教师自身就是幼儿最好的榜样，因而在教育工作中，教师应该更加严于律己，严格规范自身行为，树立良好的教师形象，为幼儿提供一个良好的学习榜样。

3. 教师要及时对幼儿模仿榜样的行为做出积极的回应

幼儿模仿榜样行为，教师应给予正强化，使幼儿知道自己行为是对还是错，以及对与错的程度，帮助幼儿不断地强化正确行为。而为了获得教师的表扬，幼儿会更多地模仿被表扬对象的行为。

知识拓展

由“保”到“育”——从新《幼儿园工作规程》看幼儿园教育地位的提升

实战演练

1.【2019 上《保教知识与能力》·单选】幼儿园的双重任务是（　　）。

A. 保教幼儿和服务家长　　B. 看护幼儿和服务家长

C. 培养习惯和传递知识　　D. 保育和教育幼儿

2.【2021 上《综合素质》·单选】中班的小林喜欢表现自己，组织能力比较强，王老师每次在开展表演游戏时总让小林扮演主角。王老师的做法违背的素质教育要求是（　　）。

A. 促进学生全面发展　　B. 面向全体学生

C. 促进学生个性发展　　D. 培养创新精神

3.【2023 上《综合素质》·单选】某幼儿园为给幼儿今后的学习发展打下坚实的基础，在大班教授小学数学的内容，该幼儿园的做法（　　）。

A. 符合幼儿关键期的教育要求

B. 彰显了关爱幼儿的教育理念

C. 不符合全面发展的教育理念

D. 违背了幼儿的身心发展规律

4.【简答】从工作模块的角度划分，幼儿园班级管理的内容包含哪几个方面？

5.【简答】幼儿园班级管理的基本原则有哪些？

6.【简答】使用榜样激励法时应注意哪些问题？

7.【2020 下《保教知识与能力》·论述】试述幼儿园班级管理工作的主要内容。

项目一
知识拓展及实战演练答案

项目二

幼儿园班级管理的过程

项目二
微课视频

学习目标

知识目标	了解幼儿园班级管理的过程，熟悉幼儿园班级管理过程中的各个环节的基本要求。
技能目标	掌握幼儿园班级管理计划的制订，能够根据计划进行组织与实施、检查与调整以及总结与评价。
素质目标	树立正确的幼儿园班级管理的观念，在幼儿园班级管理的过程中始终坚持以科学合理的管理观念为指导。

思维导图

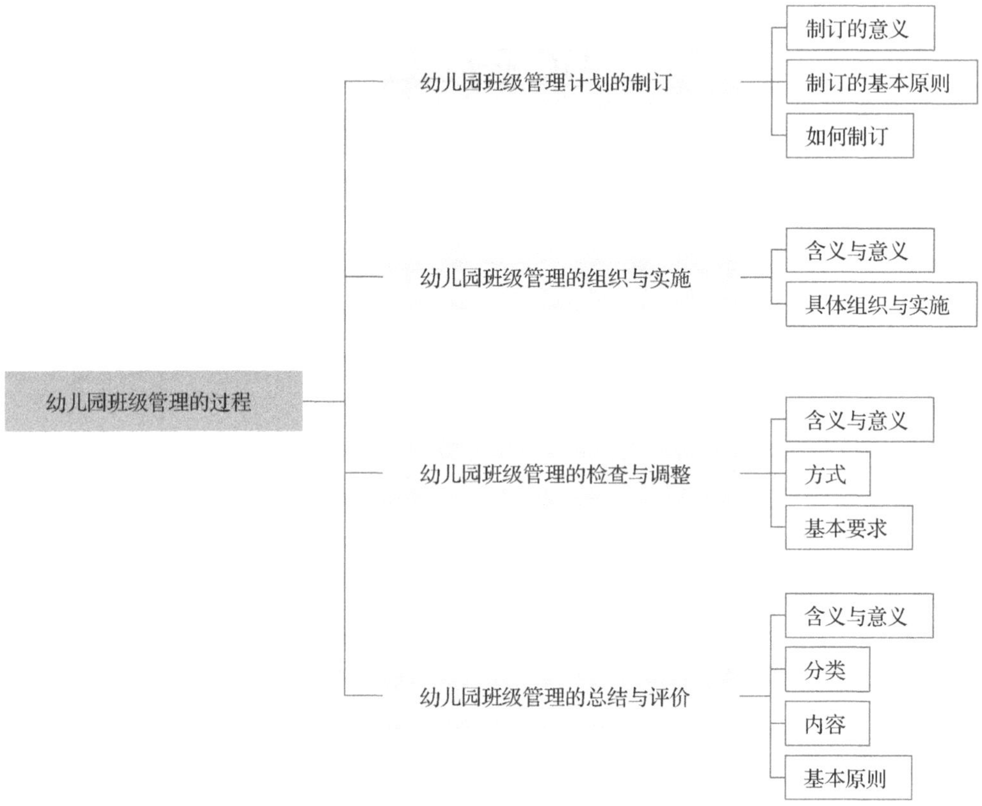

案例导入

“没有礼貌”的彤彤

彤彤是刚刚转园过来的孩子，今年上中班，平时在各种活动中很活跃，自我服务能力也很强，整体表现都还不错。可唯有一件事让彤彤的妈妈很苦恼，就是彤彤早上来园的时候从来不跟老师打招呼。每天早上入园时，中班的陈老师都在门口迎接每一个孩子，主动和每一个小朋友说“早上好”。每当彤彤来的时候，陈老师也是一样亲切地蹲下来和她问好，可彤彤总是像没听见一样扭头就走。有几次，陈老师拉住彤彤说：“你不和我说早上好，我就不让你进去，这是进门的密码。”妈妈也在一旁催促，可越是催促，彤彤越是不说话，小脸憋得通红，拼命地想挣脱陈老师，无奈陈老师只能让她进去。妈妈认为彤彤没有礼貌，感到很着急，回家也会因为这件事批评彤彤，可是一点效果也没有。李园长让妈妈不要着急，跟老师还有彤彤妈妈商量好，所有老师每天早上继续和彤彤问好，妈妈也主动和老师问好，不再强求彤彤也要问好，之后大家都是这样做的。开始的几天，彤彤也还是不问好，但她会有点好奇为什么没人说她，就站在一旁看老师迎接其他小朋友。一个多星期后的一天早上，彤彤还没有走到幼儿园门口就开始跑起来，一边跑一边大声喊：“老师，早上好！”跑到门口的时候还主动给了陈老师一个大大的拥抱。老师和彤彤妈妈都感到很惊讶，之后的每一天彤彤都是这样做的，彤彤再也不是“没有礼貌”的孩子了。其实，孩子见到人不打招呼，可能只是因为她/他害羞、缺乏这方面的经验，与“礼貌不礼貌无关”，成年人不要轻易给孩子贴标签，我们要做的就是教她/他打招呼的方法，用我们的行为去感染她/他，然后等待孩子的改变。

任务一 幼儿园班级管理计划的制订

“凡事预则立，不预则废”，幼儿园班级管理是一项复杂琐碎而又全面具体的工作，因此，对幼儿园班级进行管理，必须预先制订明确的计划。一般来说，幼儿园班级管理计划是指班级管理人员根据幼儿培养的需要和幼儿身心发展的特点而制订的关于促进幼儿体、智、德、美、劳全面发展的班级工作行动方案。

一、制订幼儿园班级管理计划的意义

幼儿园班级管理计划的制订，对科学规范地进行幼儿园班级管理具有重要的意义。

（一）幼儿园班级管理计划是幼儿园班级管理的指导性文件

计划是行动的纲领。幼儿园班级管理计划能够体现国家、幼儿园对幼儿管理的基本要求，能保障幼儿在班级里正常地生活和活动，是幼儿园班级管理工作开展的前提和依据。没有幼儿园班级管理计划，幼儿园的班级管理就会杂乱无章，从而影响幼儿身心健康发展。

（二）计划的制订有利于幼儿园班级管理工作的正常有序开展

班级计划规定了班级各项工作的目标、任务、步骤、期限与要求，有了幼儿园班级管理计划，管理工作就会有目的、有计划、有步骤、系统地进行，班级保教人员应按根据计划合理安排自己每个阶段的工作，自然也就会顺利完成班级管理的工作任务。

（三）计划的制订有利于管理人员适时调控

有了幼儿园班级管理计划，管理人员就有章可循，既可以明确分工、各司其职，又可以根据计划相互检查和督促。计划明确了开展管理工作的路线图，使管理过程中的反馈和调控有了目标和方向，就不会出现工作的偏差和混乱。

二、幼儿园班级管理计划制订的基本原则

幼儿园班级管理计划的制订不是凭空捏造和随意杜撰出来的，必须遵循一定的基本原则。一般而言，制订幼儿园班级管理计划时要遵守以下五个原则：

（一）目标一致原则

学前教育是国民基础教育的重要组成部分，幼儿园教育目标要与国家教育目标、培养目标相呼应。幼儿园班级管理是幼儿园教育的组成部分，幼儿园一方面要贯彻执行国家对学前教育的基本要求，另一方面也要执行对班级、幼儿的管理要求，特别是要贯彻执行国家关于学前教育工作的法律法规。例如，国家先后颁布的《幼儿园管理条例》（1989 年）、《幼儿园教育指导纲要（试行）》（2001 年）、《幼儿园工作规程》（2016 年）、《中华人民共和国教育法》（2021 年）等。贯彻执行国家关于学前教育的法律法规，具体来说就是要贯彻执行国家对幼儿园教育的目标和任务，遵循幼儿园教育的基本原则。这样，幼儿园班级管理才能走上法治化、规范化和科学化的轨道。

（二）发展适宜原则

不同年龄阶段的幼儿，其身心发展具有不同的特点和规律，因此在制订幼儿班级管理计划时，要充分考虑幼儿身心发展特点。例如，小班幼儿的精细化动作发展迅速、思维活动与动作不能分离；中班幼儿已具备各种基本的运动能力，思维具有具体形象性；大班幼儿求知欲强，抽象逻辑思维开始发展。因此针对幼儿身心发展的不同特点，教育者应对不同年龄班幼儿采取不同的管理方式。例如，对幼儿的自理能力的管理，在小、中、大班会有层次、范围和难度的差别。只有遵循幼儿身心发展的特点和规律，

制订的计划才具有可行性和针对性，在班级开展的活动也才能真正适应幼儿身心发展的需要。遵循这一原则有利于增强幼儿园班级管理计划的针对性。

（三）保教结合原则

在幼儿园班级管理中，要妥善处理保育和教育之间的关系。保育和教育相互联系，渗透在班级管理的一切活动之中。因此，在确定班级管理计划中的各项工作和活动时，必须要坚持保教结合。当然，由于各种具体工作和活动具有不同的特点且保育和教育的侧重点的不同，在不同的管理活动中对保育和教育的着重点也要有所不同。例如，在生活管理中，要更着重于保育；在教育管理中，则要更侧重于教育。

（四）操作性强原则

可操作性是衡量幼儿园班级管理计划制订有效性的重要指标。幼儿园班级管理计划的制订，不仅要考虑幼儿园班级的条件、环境等因素，还要考虑到幼儿所处的不同年龄阶段。在不同的条件和环境下，同层次的班级，同样的工作，会有不同的计划内容。因此，班级管理计划要结合实际，具体情况具体分析，这样的计划才具有较强的可操作性，才能行之有效。

（五）计划性与灵活性相统一的原则

幼儿园班级管理计划的制订是班级管理者为班级的未来确定目标并提出达到这一目标的方法和步骤的管理活动，是一种超前的、尚未实现的、有待于实施的管理活动。因此，幼儿园班级管理计划必须有一定的预见性，否则就失去了幼儿园班级管理计划制订的意义。另外，在制订计划时要考虑到多种情况、做好多种准备，确保计划执行有弹性。

三、幼儿园班级管理计划的制订

幼儿园班级管理计划一般是每学期制订一次，往往是在开学前或开学初进行，学期计划是对一个学期班级工作的概括，由于时间长、内容多，一般只需要明确到每月的工作重点，具体计划需要通过月计划、一周活动安排和一日生活安排来逐级明确和落实。幼儿园班级管理计划既可以是文字式的，也可以是表格式的。幼儿园班级管理计划主要包括以下基本内容：

（一）标题

标题主要包含以下内容：幼儿园的名字；所在班级（显示年龄段）；所处学年、学期。例如，贝贝幼儿园中三班 2023 年春季学期班级管理工作计划。

（二）班级情况分析

班级情况分析主要是对之前班级工作的总结和对当前班级情况的介绍，一般应写在班级具体工作计划的前面，可以从教师和幼儿两个方面进行说明：一是介绍本班教师和保育员的配备情况，以及相关资料；二是介绍幼儿组成情况，幼儿生活、学习活动等情况，以及现阶段发展不足等。它的作用是引起下文，并且可以说明制订此次班级工作计划的现实依据。如表 2－1 所示。

表 2－1　班级情况分析

项目	内容	
班级情况分析	教师	幼儿园
	介绍本班教师和保育员配备情况及教师的基本情况	（1）幼儿组成情况：男女比例、年龄构成、幼儿家庭情况。 （2）幼儿生活、学习活动等情况：幼儿现阶段已掌握的生活技能及学习经验。 （3）幼儿现阶段发展有待提高之处：幼儿德、智、体、美这四个方面发展所存在的不足。

（三）班级工作的目标和任务

幼儿园班级管理计划目标和任务的制订要根据国家和幼儿园的基本要求、班级实际情况及幼儿身心发展的需要，从幼儿生活管理、教育管理、家长工作目标和其他管理工作几个方面进行。幼儿园班级管理计划要有条理地、准确地表达要完成什么任务，达到什么目标，具体任务的确定要围绕目标，所有任务的设置均是为了实现目标。对这部分表述要求中心突出，文字简洁明了，切忌照抄照搬园务工作计划或其他班/园的班级计划。

（四）班级工作的具体实施措施

班级工作的具体实施措施部分的内容要表明采用哪些手段、方式来完成基本工作和任务，达到预定的目标。要求采取的措施要符合幼儿的接受水平，实用有效，便于操作。文字表述要具体，将措施的实施落实到人，确保措施能完成。

有的班级工作措施是与上一学期的工作措施相延续的，这学期只要坚持以往的做法，坚持教育的一致性和一贯性就能实现预定的目标；更多情况下是根据本学期现有的目标和任务，设计新的工作措施。这就要求教师在制订计划时，对每一项任务的完成提出一些具体的要求和措施。班级工作措施完全是根据班级工作目标制订的，从幼儿生活发展措施、教育管理措施、家长工作措施和其他工作措施四个角度来描述。

(五) 时间进度安排

班级管理工作的日历表要将前面的任务与目标、措施等内容具体分解安排到班级管理各阶段的各个时间点上。学期计划一般只需要安排到每月的工作即可，主要包括：具体的目标和任务、实施措施、时间、责任人。要求表述具体，采用表形式与文字形式都可以（参考表2-2）。

表2-2　××幼儿园××班××年上/下学期班级管理工作计划

班级情况分析				
班级工作目标				
分类	目标和任务	实施措施	时间	责任人
生活管理				
教育管理				
家长工作				
其他管理				
备注				

(六) 其他事项

本部分可表述其他未尽事宜，如注意事项、经费开支预算等。

任务二　幼儿园班级管理的组织与实施

好的班级管理计划是班级管理的第一步，后面还需要将计划执行下去。要想很好地实施班级管理计划，就必须进行班级管理的组织。班级管理的组织和实施，要充分考虑各种相关因素的影响，分清主次，把握轻重，善于利用有利于班级管理的资源，消除不利因素。

一、幼儿园班级管理的组织与实施概述

(一) 幼儿园班级管理的组织与实施的含义

幼儿园班级管理的计划制订完成后，就要正式地进入组织与实施的阶段。这里的组织，是指将班级管理计划中的具体工作和活动分别予以计划、设计、布置和安排；这里的实施，是指将班级管理计划中的具体工作和活动通过组织活动，具体落实到行

动之中。幼儿园班级管理的组织与实施就是指将班级中的教师、幼儿、材料等资源进行合理的安排，使之具有一定的系统性和整体性，并加以实行。幼儿园班级管理工作的组织与实施主要包括班级情况分析、对幼儿进行编组、合理规划幼儿活动空间、合理安排好幼儿在园时间、对班级物品进行安排等，教师间要有明确的分工。

（二）幼儿园班级管理的组织与实施的意义

组织与实施班级管理工作是幼儿园班级管理计划制订后的必然要求，在幼儿园班级管理过程中，具有特别重要的意义。

1. 组织与实施是幼儿园班级管理过程的核心环节，也是落实班级管理计划的中心环节

幼儿园班级管理是对班级一切工作和活动的管理，这一切都需要通过具体行动才能实现。没有组织与实施，也就无从谈班级管理。因此，组织与实施是开展班级管理工作的必需和必经的过程。同时，班级管理工作质量的好坏，取决于组织与实施的质量。班级管理的计划应该得到合理的分配与安排，做到科学有效组织，有效实施。做到了这一点，班级管理工作才会顺利开展，并且产生良好的效果。

2. 幼儿园班级管理的组织与实施工作是幼儿园班级管理的基本工作

幼儿园的班级管理，实质上就是班级保教人员对班级、幼儿等相关因素的组织与实施，是对班级一切事务的组织与实施，是保教人员每天必须面对并完成的工作。只有落实幼儿园班级管理的组织与实施的基本环节，才能使幼儿园班级管理产生良好效果。

二、幼儿园班级管理工作的具体组织与实施

幼儿园班级管理的实质是教师充分利用班级资源，实现班级目标的过程。要想充分利用资源，首先就要对资源进行合理的组织，主要有以下几个方面：

（一）保教人员的分工与合作

按照《规程》，保育员和教师间要有明确的分工，教师全面负责本班工作，保育员主要是配合教师开展工作，共同贯彻保教结合的原则，二者的具体职责在项目九中会详述。值得注意的是，教师既要明确自己的职责，又要互相合作。班内教师要在明确各自职责的前提下进行合作。真正的合作不是工作不分彼此，或界限太清，而是要在分工的基础上，使每个人都能优质高效地完成自己的工作，并在完成班级总体工作目标的前提下，互助互补。这样，工作才不会因职责不明而遗漏，也不会因界限太清而延误。

（二）幼儿分组合理

一般根据日常管理的需要，以及活动室的空间、桌子的大小，幼儿的数量对幼儿进行分组，分组时要注意以下几点：

1. 合理搭配，形成互补

搭配方式有三种。其一，要进行男女性别的搭配。男孩及女孩各有所长，如：男孩胆大、好动，女孩胆小、文静等，男孩和女孩在一起能优势互补，互相影响，促进成长。其二，要进行个子高矮搭配，以便于幼儿的学习及活动。其三，是接受能力的搭配。幼儿的模仿能力很强，每组适当地配上一两个接受能力较强的幼儿，在他们的带领和帮助下，可使接受能力较弱的幼儿受到一种积极的影响。

2. 适时设置值日生，使幼儿学会自我管理

在适当的时候可设置数名值日生，让其帮助教师管理小组，如收拾学具和操作材料等。刚开始时，由教师指定值日生，并对他们加以指导，当幼儿基本熟悉值日生的工作内容后，可以由小组成员轮流担当值日生。值日生轮换更有利于幼儿的发展。幼儿园班级的值日生制度不必过于拘泥，可以根据班级工作多设置一些值日生岗位，如天气预报员、图书管理员、花草养护员等，让更多的幼儿参与进来，增强幼儿的集体荣誉感和对班级规则的理解与执行能力。

3. 定时更换幼儿的位置

为了预防幼儿近视，保护幼儿的颈椎，需要定时按一定规则更换幼儿的座位。更换座位时可先采用全组更换的方式，保持小组成员及组号不变，以便稳定幼儿的情绪，使他们能相互学习与配合。待幼儿完全相互了解后，可再进行小组及位置的更换。

4. 根据活动要求临时分组

不同的活动有不一样的要求，一成不变的分组可能会使活动效果不佳，因此在班级管理组织与实施中，要根据实际情况进行分组，以发挥活动的最优价值。值得注意的是临时分组不仅要充分考虑活动本身的特点和要求，也需要根据幼儿的个性特征及能力水平进行有效的匹配。

（三）创设积极的教育环境

《纲要》指出："环境是重要的教育资源，应通过环境的创设和利用，有效地促进幼儿的发展。"教师要积极创设教育环境，最大限度地把握、利用蕴藏在环境中的教育资源，让幼儿真正在与环境的互动中成长，让环境与幼儿对话、与家长对话，发挥环境"第三位教师"的作用。

环境可划分为物理环境和心理环境，幼儿班级活动的物质环境包括户外活动场地、

活动室、寝室、走廊等；幼儿园的心理环境主要指幼儿园中的各类关系、文化等。幼儿园要做好环境的规划和管理，充分发挥环境的教育作用。环境创设的具体内容参见项目七。

（四）时间安排得当

合理安排好幼儿在园的时间，除了对幼儿在园的时间进行整体规划外，还要做好学年、学期、月、周、天的具体安排。

1. 安排好幼儿一学期的时间。开学前就对一学期的时间进行安排，设置学期计划、月计划、周计划、日计划。

2. 合理安排班级幼儿的一周在园活动。合理安排班级幼儿的一周活动的主要依据包括：班级幼儿学期计划及月计划；本班幼儿当前身心发展的情况，包括学习兴趣和需要。

3. 恰当地安排好幼儿在园的一日活动。幼儿在园一日活动的组织要求：

（1）活动安排动静交替，保证幼儿有愉快的、有益的、自由的活动。

（2）活动的组织要从实际出发，建立必要的常规，坚持一贯性、一致性和灵活性的原则，使活动的计划性和灵活性紧密结合起来。

4. 建立班级工作制度，减少等待时间。通过建立及执行班级工作制度如教师工作职责、午休教师值班制度、安全管理制度、家园联系制度、晨检制度、疾病预防制度、班级交接班制度等，形成必要的常规，从而节约时间，提高效率，更好地组织幼儿完成保教工作任务。

（五）及时检查调整工作的进程

班级管理组织与实施环节，离不开对各项工作计划落实的检查与调整。检查与调整虽然是班级管理过程的一个基本环节，但它始终渗透在组织实施的过程中，它是对组织实施阶段各种信息的反馈和修正，这对于幼儿园班级管理工作目标的达成，具有非常重要的意义。

在进行班级管理组织与实施的过程中，首先要强化自我检查与反思的自觉性，其次还要提高接受他人检查的积极性，在自我检查与他人检查中增强依据检查灵活调控的主动性。对于检查发现的问题，班级人员要及时分析原因、商讨研究，以寻求改进策略，并对照初期的班级管理工作计划，进行灵活的调整。切不可抱有侥幸心理，不接受批评和建议，或者有逃避、推诿、拖沓现象，这样势必影响班级整体工作的进度和效率。调整的灵活性表现在：一是对事先没有预想到的计划进一步完善；二是对于制订不到位的措施或者方案，及时做出局部或者全局性的调整；三是发现预设方案不利于后续工作开展的部分，应该及时进行重组或者更换。在灵活调整的同时，还要注意协调工作的开展，要处理好人际关系，加强人员间的沟通与联络，统一班级人员意志，调动班级人员积极性，增加班级组织影响力。

任务三　幼儿园班级管理的检查与调整

一、幼儿园班级管理的检查与调整概述

（一）幼儿园班级管理的检查与调整的含义

幼儿园班级管理的检查是指在实施幼儿园班级管理工作和活动的过程中，对其工作和活动情况进行查看了解，收集其基本情况信息的过程。幼儿园班级管理的调整是指对检查出来的情况做出是否按预定计划或有利方向进行的判断，并对偏差予以修正的过程。检查与调整阶段与幼儿园班级管理的组织和实施阶段紧密相连。一般应在组织与实施的过程中，同时进行检查与调整，这样才有利于对出现的问题做出及时的纠正。特别是涉及幼儿人身安全的问题时，更要在第一时间做出果断的处理，以避免不该有的后果的发生。

（二）幼儿园班级管理的检查与调整的意义

首先，检查和调整有利于及时发现工作过程中出现的问题。没有检查，就没有信息反馈，就没有对工作和活动情况的掌握，也就谈不上对信息的调控与对问题的处理。反之，在班级管理工作过程中，检查及时到位，就能准确掌握情况，准确分析判断工作和活动过程中的利弊得失。调整及时，就能使工作和活动过程中出现的问题得到及时解决，从而尽量避免工作的失误，甚至使工作失误不再出现。其次，它有利于正确评估工作的进展情况。没有调查，就没有发言权。在检查中掌握第一手材料，获得第一手信息，才能做出客观公正的判断，也只有这样，才能做出正确的调整。最后，它有利于顺利完成班级管理工作任务。对工作和活动进行检查和调整，是对信息进行不断反馈和调控的过程，是朝着预定的目标不断修正、不断前进的过程。及时检查、正确调整，就能使班级管理工作有序开展，使任务顺利完成。

二、幼儿园班级管理检查与调整的方式

（一）幼儿园班级管理检查的途径

幼儿园班级管理的检查途径一般有以下几种：

1. 现场观察

现场观察就是在开展幼儿园班级管理工作和活动时，管理者采用直接观察或间接观察的方式对工作和活动进行检查。通过这种途径检查到的内容最直观，最真实，最有利于分析判断，但是在现场观察时也要避免主观臆断。

2. 调查谈话

调查谈话是指管理者通过对参与了工作和活动的相关人员进行问卷调查、访谈等方式来了解班级管理情况的一种途径。通过这种方式，管理者既可以掌握活动的具体情况，也可以搜集相关人员对工作和活动的看法和意见，从而使得作出的判断更深入、更全面。

3. 材料数据收集统计

材料数据收集统计就是指管理者对工作和活动中的材料数据进行收集并对其进行统计分析。通过这种途径可以确保检查结果客观公正，不受主观因素的制约。

为了获得更多、更真实的资料，可以将以上几种检查方式结合起来使用，使检查更深入、更有效。

（二）幼儿园班级管理调整的手段

对检查过程中发现的问题一般可采取下列手段进行调整：

1. 补充式调整

补充式调整是指对原有工作计划进行调整，补充一些新的内容，从而丰富与完善原有的工作计划，使工作计划更完整、更可行。

2. 纠正式调整

纠正式调整是指通过幼儿园班级管理检查，发现原有的工作计划存在的一些问题与不足，对其进行修改与纠正，通过调整使工作计划更合理、更科学。

3. 更换式调整

更换式调整是指通过幼儿园班级管理检查，发现原有的工作计划存在很大的问题，难以继续执行实施活动，因而对原有工作计划进行替换，重新制订可行的工作计划并付诸实施。

一般来说，班级管理的调整以补充式和纠正式为主，因为更换式调整既是对前一阶段工作的全盘否定，也会为接下来的工作提出很大的挑战。因此，我们希望各位老师能在班级管理的初始计划阶段就尽量考虑周全，避免出现这么重大的调整及其对孩子的发展带来的不利影响。但有时候因为客观原因造成的更换式调整也是不能完全避免的。

三、幼儿园班级管理检查与调整的基本要求

(一) 检查要及时，调整要迅速

鉴于幼儿的年龄及身心特点，在进行幼儿园班级管理工作的过程中，幼儿离不开保教人员的视线，保教人员自始至终与幼儿在一起生活和活动。因此，要求保教人员随时在现场组织指导，发现问题及时处理。及时检查，就是要做到保教人员人在现场，随时掌握幼儿在班级活动中的一切情况。这些情况主要是：(1) 按计划开展活动时出现的不合理、不正确的现象；(2) 幼儿在活动中出现的意外现象。及时调整，即一旦发现问题，要马上采取有效措施进行纠正和处理，不要因未能及时处理而造成不良后果。

(二) 检查要细致，调整要到位

幼儿期是人发展的初始时期，幼儿的身心发展既迅速又脆弱，在幼儿园生活中，特别需要保教人员耐心细致地开展保教工作。检查要细致，就是要做到能检查到幼儿在班级活动中的方方面面，包括计划中设计的每一个环节、条件、安全措施等。调整要到位，就是要做到一旦发现问题，动作要迅速，办法要恰当，工作做周全，不要留下漏洞和隐患。比如，在活动中，当发现某一幼儿脸色不对，保教人员不能若无其事，而应该马上对该幼儿进行察看、问询，必要时及时通知家长和联系医生。

(三) 检查与调整应符合相关要求

幼儿园班级管理工作，应该建立在国家的要求、幼儿园工作的要求、幼儿的需要和班级管理要求的基础上，而这些都具体体现在幼儿园班级管理计划之中。因此，幼儿园班级管理工作，应该按照班级管理计划的设计和要求有步骤地进行。在这里，需要明确两点：(1) 要按计划开展班级管理工作。幼儿园班级管理计划是幼儿班级管理工作的行动指南。按计划开展工作，才能使班级管理工作有次序、有步骤和有条理。(2) 将计划与当时需要相结合。幼儿园班级管理工作是一种动态的工作。由于在动态工作过程中，方方面面的情况会发生一些变化，这就决定了班级管理计划也要随之而变。因此，我们的班级管理工作既要按计划进行，又要根据变化的情况做出及时恰当的调整。

任务四　幼儿园班级管理的总结与评价

一、幼儿园班级管理的总结与评价概述

（一）幼儿园班级管理的总结与评价的含义

幼儿园班级管理的总结，就是把一段时间内的幼儿园班级管理工作进行一次全面系统的总体检查、总体评价、总体研究，分析其成效、存在的不足、可吸取的经验等，是对已经做过的幼儿园班级管理工作进行的理性思考，多用叙述的方式对工作的事实和过程进行描述和判断。幼儿园班级管理的评价，是指在全面系统地获取幼儿园班级管理工作相关资料的基础上，对幼儿园班级管理在一定阶段内的工作事实进行价值判断、分析与处理，进而作出科学、准确的判断的活动，多通过定性与定量的方式进行。幼儿园班级管理的总结与评价就是指对幼儿园班级管理工作的完成情况进行检查与评价，发现问题，总结经验，进行研究与反思。幼儿园班级管理的总结与评价起到了检测、判断、矫正、反馈工作方向的作用，具有指导、修正、改革工作方向的功能。

幼儿园班级管理的总结与评价，彼此紧密联系。当然，它们也有各自的特点，幼儿园班级管理的总结，侧重于对事实和过程进行描述，重在叙事。幼儿园班级管理的评价，侧重于对事实和过程的判断，重在评判。

（二）幼儿园班级管理总结与评价的意义

总结和评价具有指导、修正、改革工作方法的功能，因此及时进行幼儿园班级管理的总结与评价具有重要的意义。具体如下：

1. 有利于保教人员把握班级管理的过程

通过总结与评价，管理者能够对班级管理的全过程进行回顾、分析和判断，及时把握幼儿园班级计划完成的情况及完成的质量，以便于对管理过程进行控制。

2. 有利于保教人员总结经验教训，顺利开展下一阶段的工作

在总结与评价的过程中，通过回顾整个班级管理的过程，管理者可以吸取经验教训，及时指导今后的实践工作，有助于提高下一阶段班级管理的质量，打开班级管理工作的新局面。通过总结与评价，管理者还可以发现一些班级管理的新思路、新方法，从而产生一些新的认识和观念，这有利于幼儿园班级管理的创新，也能促进班级教师之间的交流与学习。

二、幼儿园班级管理的总结与评价分类

依照不同的划分标准，幼儿园班级管理总结与评价有很多不同的类型。

（一）按总结与评价主体分类

《纲要》指出幼儿园教育工作评价实行以教师自评为主，园长以及有关管理人员、其他教师和家长等参与评价的制度。可见，按总结与评价主体分类，总结与评价可分为自我评价与他人评价两类。幼儿园班级管理总结与评价中常使用自我评价，自我评价指教师在评价中反思自己工作中的情况，找出自己工作中成功的经验和不足，分析原因，以便以后改进工作。这种评价可调动教师的积极性和创造性，促进教师的专业发展，但采用此种评价存在有些教师对自己的问题看不清的情况。

（二）按总结与评价方法分类

按总结与评价方法分类，可分为定量总结与评价和定性总结与评价。定量总结与评价是通过把总结与评价指标量化，并采用模型和数学统计方法对评价对象做出数量的价值判断；定性总结与评价是不通过量化，而是通过对总结与评价对象平时的表现、现状或文献资料的观察和分析，直接对评价对象做出定性结论的价值判断。定性总结与评价和定量总结与评价是从不同的方面，用不同的方法对事物进行总结与评价，它们可互为补充、互相支持。

（三）按总结与评价时间分类

按总结与评价时间分类，可分为过程性总结与评价和终结性总结与评价两类。过程性总结与评价在班级管理的过程中进行，目的在于及时发现问题，及时调整；终结性总结与评价指在班级管理工作按计划完成后（如学期结束）进行的总结与评价。

三、幼儿园班级管理的总结与评价的内容

（一）班级工作计划完成情况

主要陈述班级管理计划确定的目标中，哪些完成了，哪些离目标还有差距，并分析没完成的原因。一般从工作量、计划的难度、工作人员的能力水平和协作能力等方面来分析没有完成预期目标的原因。

（二）班级保教工作情况分析

班级保教质量是班级管理工作的核心，主要包括以下几个方面：

1. 幼儿健康状况。主要包括幼儿一学期的出勤、发病率以及定期体检状况等。

2. 教育工作情况。主要包括教师和幼儿两方面。教师方面主要包括各项教育活动计划完成情况、教育活动开展情况。幼儿方面包括幼儿在各项活动中取得的进步和良好行为习惯的养成状况等，也包括个别幼儿的特殊状况等。

3. 班级家长工作。包括与家长配合的情况，家访的次数、家长会、家长开放日、亲子活动开展的次数和质量，对家园联系册、家长委员会中家长意见的分析和处理等。

（三）班级工作不足及改进措施

班级管理工作除了包括以上几项内容外，还应对班级管理工作中的不足和缺点进行总结，指出今后工作的重点以及预采取的措施，为下一阶段班级管理计划的制订提供方向和依据。

四、幼儿园班级管理总结与评价的基本原则

（一）实事求是，客观公正

幼儿园班级管理工作的总结与评价，必须实事求是，客观公正。准确总结评价工作内容，总结评价的标准必须符合班级管理的实际情况，并且全面完整，主次分明。对事件的描述要真实，既不夸大，也不缩小；既不编造，也不遗漏。统计的数据要真实可信，与事实保持一致。不能使用凭空臆想的数据，也不能使用不经实际调查的数据。

（二）正、反总结与评价，具有指导性

总结与评价班级管理工作的目的之一，就是总结经验教训，以便指导下一阶段的工作。因此，要注意在总结与评价中客观描述事实、分析和判断工作的利弊得失，既总结成功的经验，也找到失误的原因，从而为下一阶段的工作奠定一个良好的基础。

（三）定性分析与定量分析相结合

一般来说，班级工作总结大都使用书面文字形式进行，重点在于定性分析；班级工作评价大多使用表格、问卷的形式进行，通过打分得出评价结果，其重点在于定量分析。把定性与定量分析结合起来，更能做到有理有据，将更有助于对班级管理工作作出客观的评价。

知识拓展

2-1　幼儿园大班春季学期工作计划

2-2　幼儿园大班春季学期班务工作总结

实战演练

1.【判断】幼儿园班级工作计划内容包括班级情况分析、工作目标、实施措施、重要工作安排。（　　）

2.【2020下《保教知识与能力》·单选】与幼儿园保育和教育目标表述不符的是（　　）。

A. 培养正确运用感官和运用语言交往的基本能力

B. 培养幼儿初步感受美和表现美的情趣和能力

C. 训练幼儿的体育运动技能

D. 促进幼儿身体正常发育和机能的协调发展

3.【单选】幼儿园班级管理工作的组织与实施，主要包括（　　）。

① 班级情况分析；② 对幼儿进行编组；③ 合理规划幼儿活动空间；④ 合理安排好幼儿在园时间；⑤ 班级物品的安排；⑥ 教师间要有明确的分工。

A. ①②③④⑤　　B. ①③④⑤⑥

C. ①②③④⑥　　D. ②③④⑤⑥

4.【简答】幼儿园班级管理的过程大致有哪几个环节？

5.【简答】如何具体进行幼儿园班级管理的组织与实施？

6.【简答】幼儿园班级管理的总结与评价有哪些基本原则？

7.【论述】请选择一个幼儿园班级，尝试制订一份班级学期工作计划。

项目二
知识拓展及实战演练答案

项目三

幼儿园班级常规工作管理

项目三
微课视频

学习目标

知识目标	了解幼儿园班级常规管理的含义、意义与原则。
技能目标	能够根据一日生活常规的要求进行幼儿一日生活的组织与管理，并灵活运用多种常规管理的方法。
素质目标	熟悉班级常规管理工作中对保教人员的要求，始终坚持用科学的管理观念指导幼儿园班级的常规管理工作。

思维导图

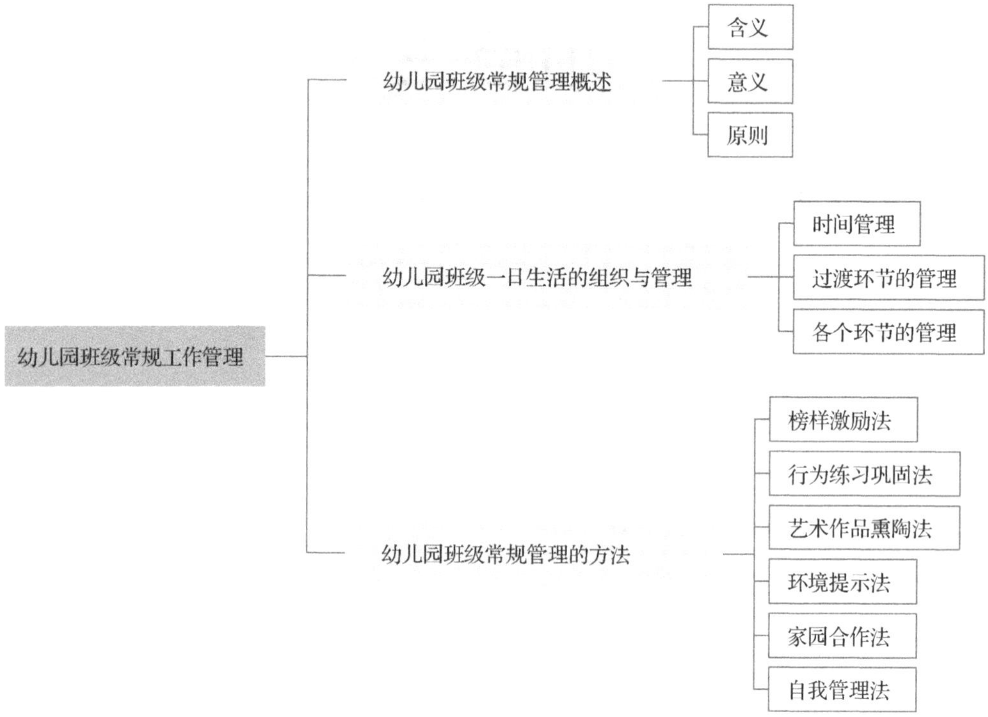

案例导入

不睡午觉的豆豆

豆豆今年9月刚刚入园，入园之初豆豆不愿意午睡，连自己的小床都不愿意靠近。刚开始，老师按照传统的做法，从幼儿健康的角度考虑，要求豆豆必须躺在床上，但经常惹得豆豆号啕大哭，现在老师只能对豆豆“个别对待”。老师了解到豆豆入园前在家就没有午睡的习惯，因此放慢了教育速度，降低了常规要求。在最初的一两周内，老师在午睡时间陪着豆豆玩他最喜爱的毛线玩具，并在其他幼儿熟睡后，带着豆豆到午睡室给其他幼儿掖被子、整理衣物等，消除他对幼儿园午睡的陌生感与恐惧感。两周后，豆豆主动提出要坐在自己的小床上玩玩具，老师微笑着答应了，并提醒他说话要像小花猫，别吵醒其他小朋友。一个月后，园长进行常规检查时发现豆豆正盖着自己的小被子在床上熟睡。豆豆就这样轻松地、自然地适应了幼儿园的生活规则，逐步养成了睡午觉的习惯。

任务一　幼儿园班级常规管理概述

一、什么是幼儿园班级常规及常规管理

幼儿园班级集体生活的公共规则通常被称作“常规”。常规是幼儿在园一日生活中所要遵守的行为规范，它贯穿于幼儿在园的一日生活的方方面面，一般来说，可以概括为以下三个方面：

1. 关于幼儿在园一日生活中时间及顺序的规定

幼儿园对一日生活的时间及顺序均有明确的规定，这样有利于幼儿的一日生活在一定的节奏、规律中进行。

2. 关于幼儿在园一日生活各环节具体要求的规定

幼儿园一日生活包括多个环节，每个环节的具体要求不同。只有做到每个环节有计划，有要求，有指导，幼儿的一日生活才能更有序，更顺畅，更有教育价值。

3. 关于幼儿在园一般行为规则的规定

《纲要》指出，教师要“在共同的生活和活动中，以多种方式引导幼儿认识、体验并理解基本的社会行为规则，学习自律和尊重他人”。虽然幼儿年纪小，但是幼儿园班级是一个现实的集体与小社会，需要幼儿在共同生活中遵守班级规则，按照社会所期望的行为规则行事。

对应常规的内容，幼儿园班级常规管理是指在以班级为单位的集体环境中，对幼儿在园一日生活时间的安排与管理、一日生活各环节的组织与管理，以及对幼儿行为的管理。

二、建立幼儿园班级常规的意义

幼儿园班级常规管理的优劣直接影响幼儿班级集体生活的体验，影响各项活动的质量。幼儿园班级常规管理是保教工作得以顺利进行的有力保障，同时也是培养幼儿自我管理能力的系列措施之一。

（一）有利于幼儿养成规律的学习与生活习惯

合理地安排幼儿一日生活中的各种时间，如安静的时间、运动的时间、学习的时间、游戏的时间、和同伴在一起的时间、进餐的时间等，并将这些时间相对固定下来，对幼儿在什么时间应该做什么、不应该做什么进行规定，形成一个行为和事件可以预测和控制的环境。合理的时间管理能让幼儿知道什么时间做什么事，培养幼儿的时间观念和秩序感；还能使幼儿能够预测下一步将要做什么，帮助他们形成安全感和对自己生活的掌控感。

对一日生活各环节具体要求的规定，能够帮助幼儿养成良好的生活与卫生习惯、学习习惯等，培养幼儿的条理性、独立性，形成使其终身受益的生活能力和文明生活方式。

（二）有利于培养幼儿自我管理能力

《纲要》在“科学合理地安排和组织幼儿一日生活”中明确指出：“建立良好的常规，避免不必要的管理行为，逐步引导幼儿学习自我管理。”良好的常规管理能够帮助幼儿学习自我管理，培养幼儿的自律和自主能力。

（三）有利于幼儿适应集体生活

幼儿园班级常规不仅能够培养幼儿良好的自控能力、生活习惯，还能为幼儿未来进入其他集体做必要准备。幼儿从个体自由的家庭生活进入群体合处的集体生活，他们需要知道生活在一个集体里就要养成等待、礼让、合作、规则等意识和行为规范。要学习处理与他人、集体的关系，形成集体意识。良好的常规管理能够促进幼儿良好个性品质的形成和社会性的发展，帮助幼儿学习在集体中生活。

（四）有利于班级保教工作的开展

在幼儿园班级中，良好的常规不仅有利于幼儿稳定、愉快地学习与生活，而且有利于保教工作顺畅、有序地进行。只有建立良好的班级活动秩序，幼儿才能健康地成长。安全、和谐、有秩序的环境，能够保证教育教学活动按照预期的方向顺利、有序地进行。只有在这样的氛围下，教师才能轻松愉快地工作，才能充分发挥自己的聪明才智，提高教育教学的质量。因此，良好的班级常规是顺利开展各项活动的前提和基础。

三、幼儿园班级常规管理的原则

(一) 正面教育原则

正面教育是一切教育的最基本的原则，也是班级常规管理的重要原则。其核心是在尊重的前提下对幼儿提要求，在肯定的前提下对幼儿行为做出补充和修正，在维护幼儿自主性和完整性的前提下渗透常规要求。具体来讲包括如下四个方面：

1. 以积极的方式对幼儿提出要求。以积极的方式对幼儿提出要求是指在希望幼儿做一件事情而不要做另一件事情的时候，应直接告诉幼儿具体做什么和如何去做，而不是告诉他不要做什么。

2. 注意行动和言语相互强化。在对低龄幼儿提要求的时候，如收拾玩具、整理等，就尤其需要在言语说明的同时配合相应的行动。这种配合里面暗含着一种深层观念：教师所提出的要求，不仅针对幼儿，也针对教师自身。教师将自己放在和幼儿平等的位置并身体力行，往往能取得事半功倍的效果。

3. 注意纵向比较而不是横向比较。教师常常用比赛的方式来增强幼儿参与活动的积极性，但是教师往往只看到这种方式有价值的一面，而没有看到它的副作用，实际上这种方式的副作用远远大于它的价值。相比之下，我们更推崇纵向比较的方法。纵向比较不是同他人比较，而是将幼儿的过去与她/他的现在比较，将幼儿的现在与她/他的未来比较。用纵向比较的方法，既可以肯定幼儿所取得的进步（她/他和以前不同了），又可以鼓励她/他继续向前发展（她/他还可以做得更好，或者她/他还可以用和原来不一样的方法来完成任务）。我们并不是要完全否定横向比较，而是指出了它的不足，并且说明在幼儿阶段，要特别慎用这种方法。

4. 信任先于认识和行动。社会心理学中罗森塔尔效应带给我们的启示是：我们在真正了解幼儿之前，在明确地知道幼儿的一种行为之前，要尽可能地从积极的方面去相信和期望，并且带着这种积极的期望去行动。如果一个孩子经常被我们看成什么样，经常被我们说成什么样，在不久的将来，他可能就会变成相应的样子。

(二) 规则需求化原则

教师在制订和实施规则时要“以幼儿为本”，遵循规则需求化原则。规则需求化原则的第一层含义是指教师制订和执行的规则，规则在内容上应当考虑幼儿的实际需要，在方式上应当考虑幼儿的实际理解能力，并且站在幼儿而不是成人的角度来考察现有的班级生活规则，以便修改、删减甚至重新建立某些规则。规则需求化原则的第二层含义是指教师将一定的预设的规则转化为幼儿的需求，幼儿在需求机制作用下产生自我约束的动机，进而在活动过程中形成自我约束。幼儿对规则的需求只是其真正掌握规则的前提条件之一，其为规则生成提供了可能性，幼儿真正建立规则意识还需要在活动中不断巩固。

（三）权威适度原则

苏联著名教育家赞可夫曾说，教师要有威信。假如教师没有威信，师生之间不可能有正确的相互关系，也就少了有效地进行教学和教育工作的必要条件。就幼儿教育实践本身来看，教师权威不仅有其必然性还有其必要性、适宜性。但是任何权威都是有限度的，如果超出其适宜的范围，滥用权威，应有的理想状态就会被颠覆。

因此，在常规管理过程中，一方面，教师要注意积极树立和维护自己的权威，因为常规管理的顺利进行需要借助教师的威严；另一方面，教师又不能仅仅依靠威严和权力来控制幼儿，要注意把握好自己权威的限度，不滥用权威。这就要求教师要充分相信幼儿的能力，尊重幼儿的主体地位，倾听幼儿的声音，接纳来自幼儿的不同想法等。

（四）“三性”并重原则

《规程》第五章“幼儿园的教育”第二十七条指出，“幼儿园日常生活组织，应当从实际出发，建立必要、合理的常规，坚持一贯性和灵活性相结合，培养幼儿的良好习惯和初步的生活自理能力”。基于此，在幼儿园班级常规管理中，要做到一贯性、一致性和灵活性并重。

1. 一贯性。良好的班级常规的养成并不是一朝一夕能够完成的，需要一个漫长的过程。只有日积月累，不断强化，并持之以恒，幼儿规则意识的培养才能做到潜移默化，水到渠成，幼儿才能更加顺利地适应班级生活。

2. 一致性。常规应具有一致性，这样有利于幼儿形成稳定的价值判断标准。一致性包括同一位教师对幼儿提出的要求要保持一致，同一个班级的教师对幼儿提出的要求要保持一致，家长和教师对幼儿提出的要求要保持一致。

3. 灵活性。灵活性是指根据幼儿个体需要弹性管理。班级常规的确是维护幼儿园正常保教秩序的重要保证，但在制订和实施的过程中，应当根据幼儿的个性特征和实际需要灵活调整。教师一定要避免“过度控制”和“一刀切”，防止不合理的制度规范阻碍幼儿的发展。教师针对幼儿的个别差异所建立的常规更能体现“以幼儿为本”的宗旨，也有助于将常规要求转化为幼儿自身愿望的一部分。

任务二　幼儿园班级一日生活的组织与管理

一、幼儿园班级一日生活时间管理

（一）幼儿园班级一日生活时间管理的概念与意义

一日生活时间管理是指对幼儿在园一日生活中时间及顺序的管理。

一日生活时间管理的意义主要体现在以下三方面：首先，合理的时间安排与管理有利于幼儿的一日生活在一定的节奏和规律中进行，有利于培养幼儿的时间感、秩序感，带给幼儿一种对自己生活的掌控感、安全感，从而使幼儿更好地适应幼儿园生活；其次，合理的时间安排与管理能为幼儿提供充足的活动时间、进餐时间和睡眠时间，静态活动和动态活动的交替安排，使幼儿的一日生活显得张弛有度；最后，时间安排得当，能为幼儿提供丰富的学习机会，反之，幼儿就可能会产生诸如无聊、沮丧、过度兴奋等情绪，进而影响其学习效果或产生各种行为问题。

（二）幼儿园班级一日生活时间的规划和管理

在幼儿园班级管理实践中，很多教师没有意识到一日生活时间安排对幼儿的意义。部分教师只是机械地执行幼儿园提供的“一日生活作息时间表”，没有想过可以根据幼儿的兴趣、需要灵活调整；部分教师只是站在教师的角度去管理一日生活时间，很少考虑幼儿的需求。这些教师都没有做到“以幼儿为本”。其实，当站在幼儿的角度，考虑幼儿的需要时，我们往往能够最好地规划和管理一日生活时间。“以幼儿为本”的一日生活时间管理不是一件容易的事情，它要求教师综合考虑教育理念、课程理念、幼儿需求等因素，以及“动静交替”等制订时间表的原则，有时还要灵活协调幼儿的需求和制订时间表的原则之间的冲突。以下是“以幼儿为本”的一日生活时间管理要点。

1. 依据课程制订时间表

幼儿园的一日作息时间表不是一成不变的，而是会经历很多次的改变，这与幼儿园所实施的课程是有关系的，课程会影响时间规划。

2. 一日时间表要有规律

有效的时间表可用时间区块来间隔，如入园时间、户外活动时间、区域活动时间、集体教育活动时间、午餐时间、午睡时间、离园时间等。时间区块的顺序应尽量固定，因为一日生活各个环节的有序性，能让幼儿知道下一个环节要做什么，幼儿通过每天有规律的活动形成最初的秩序感。秩序感不仅是幼儿逻辑思维形成的基础，也是幼儿安全感建立的重要保障。

3. 依据幼儿兴趣弹性安排时间

缺少弹性的设计和缺少灵活性的执行计划的方式，往往使一日生活呈现出“紧张”“高控”的状态。《纲要》指出，“时间安排应有相对的稳定性和灵活性，既有利于形成秩序，又能满足幼儿的合理需要”。稳定性指的是各个时间区块是相对固定的，不能随意更改。但活动的进行要依据幼儿的兴趣和状态进行调整和灵活安排，也就是要有灵活性。具体来说，可以从以下几个方面着手：(1) 根据幼儿的兴趣和需要调整时间区块的长度。教师并不需要严格按照时间表来决定什么时间结束一项活动，而是要看幼儿的状态如何。(2) 根据幼儿的兴趣和需要调整时间区块的顺序。时间区块的顺序应尽量固定，但有时也可以根据幼儿的兴趣需要和课程资源进行调整。

4. 让幼儿参与时间规划并将时间表可视化

教师在确定了班级的时间区块顺序后，可以画一个时间表，让幼儿知道各个时段要做什么。如果是大班的幼儿，教师可以让他们参与时间规划，和他们讨论每个时间段要做什么，并将讨论结果通过可视化的时间表呈现出来。教师可以将可视化时间表做成时钟型，请幼儿把每个时间段要做什么画出来，贴在圆盘上相应的时间区块里；也可以将时间表做成表格型，表格的大小代表活动时间的长短，表格能帮助幼儿清楚了解环节之间的顺序和每个环节时间的长短；当然也可以将时间表做成其他形式，教师和幼儿可以共同发挥创造力来制作属于自己的可视化时间表。

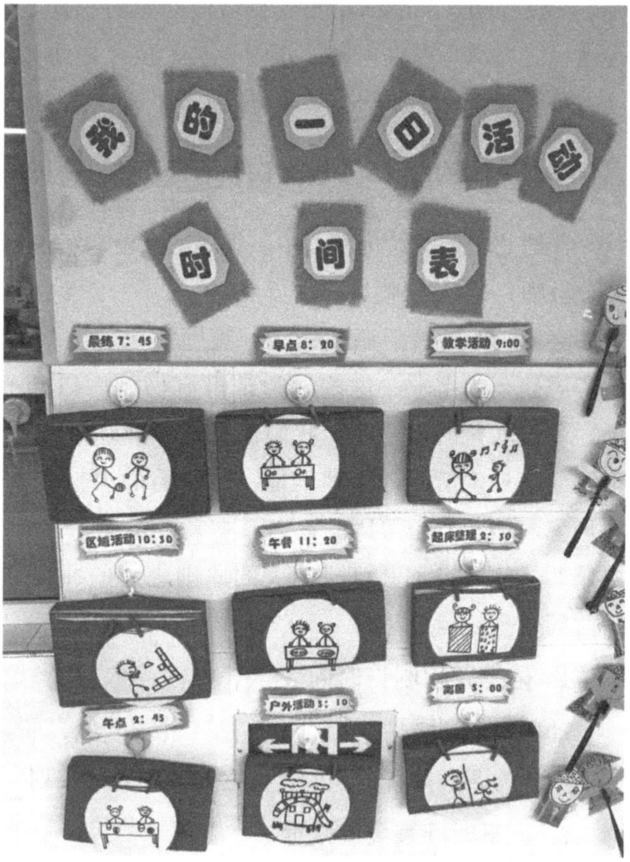

图 3-1　可视化的时间表

5. 充足的游戏时间

很多教师认为短时游戏能让幼儿忙碌并减少无聊的时间。然而，只有充足的时间，才能使幼儿沉浸在深度游戏中，如商议角色、情境表演或者进行复杂的积木建构。大段时间可以延长幼儿的注意力集中时间，减少环节间的过渡时间，让幼儿有更多时间学习，也能提升幼儿自主管理时间的能力。

真正的学习需要时间，也需要持续和重复。教师不要把时间排得过满，让幼儿总是在不同的活动中转换，使各个活动既不连贯又仓促，这不利于发展幼儿的注意力，也不利于增强幼儿的自我调节能力和独立性。

6. 充足的生活活动时间

生活活动包括进餐、饮水、盥洗、如厕、午睡等，一日生活活动中蕴含着丰富的学习与发展契机。而在幼儿园，由于观念、教师专业水平等方面的原因，存在着“重上课，轻生活环节”的现象，导致生活活动的时间被压缩。如果给予幼儿充足的生活活动时间，这些活动就会为他们提供宝贵的学习体验。

7. 充足的户外活动时间

《指南》指出，“幼儿每天的户外活动时间一般不少于 2 小时，其中体育活动时间不少于 1 小时，季节交替时要坚持”。户外活动为幼儿提供了室内活动无法满足的游戏机会。它允许幼儿大声喧哗，尽情投入大肌肉运动中。除了锻炼，充足的日光浴还有利于幼儿生长激素的合成，能促进幼儿身体的发育，增强幼儿体质。户外活动还使幼儿能与大自然近距离接触，并体验不同的天气。教师要高度重视幼儿的户外活动，不能因为一些原因而减少幼儿户外活动的时间与机会；而且当幼儿因为场地、天气、季节等因素的影响不能进行户外活动时，教师应该安排幼儿进行其他室内体育活动。

8. 动静交替，平衡时间

安静活动是指身体移动较少的活动，如听故事或进餐。动态活动包括户外活动等。好的时间表会平衡幼儿动与静、室内与户外的学习经验，这样能够避免幼儿过于疲劳、厌倦和失控。一般而言，安静的集体活动应尽可能早点安排，避免幼儿因疲劳无法集中注意力。而在安静活动后，可以安排动态活动，如散步、户外游戏等，一静一动，既能有效维持幼儿的注意力，也能符合幼儿活泼好动的天性。

二、幼儿园班级一日生活过渡环节的管理

（一）幼儿园班级一日生活过渡环节的概念与意义

幼儿园班级一日生活过渡环节是指幼儿在一日活动中从一个活动转向另一个

活动时的中间阶段。过渡环节看似时间短，但有着重要意义，主要体现在以下三方面：

1. 确保一日生活顺利进行

过渡环节是幼儿园一日生活的有机组成部分，是连接一日生活各个环节的纽带。有研究显示，一日生活组织安排与过渡环节的相关性最强。因为幼儿神经系统发育不完善，兴奋过程强于抑制过程，自我控制能力差，注意力集中的时间短。无论是由动入静，还是由静到动，都需要一段时间使神经系统活动完成转换调节。过渡环节为幼儿从一个活动转向另一个活动提供了转换与调整身心的时间，有利于幼儿为新的活动做好身心方面的准备，使一日生活顺利进行。

2. 帮助幼儿养成良好的生活习惯，保障幼儿的身体健康

组织和提醒幼儿饮水、如厕和盥洗是过渡环节的重要内容，有利于培养幼儿良好的生活习惯，保障幼儿的身体健康。教师应注意培养幼儿及时排尿的习惯，不要让幼儿长时间憋尿。教师还要经常提醒幼儿饮水。经常饮水可满足机体新陈代谢的需要，及时排泄废物；可增加排尿次数，排尿可以起到清洁尿道的作用，防止细菌繁殖。

3. 蕴含着丰富的学习机会

在过渡环节中也蕴含了很多学习和行为培养的内容，如要养成排队饮水、如厕和盥洗的习惯，通过如厕加深幼儿的性别意识，养成正确如厕和洗手的卫生习惯等。还可以通过强调幼儿正在学习的某项技能，如识别姓名、服装色彩或地址，使他们从集体活动过渡到下一个活动。

（二）过渡环节的规划和管理

过渡环节是时间表中最需要教师进行周密计划的环节。为避免混乱，在这段时间段内，幼儿需要教师给予关注和指导。好的过渡环节管理需要做到“以幼儿为本”，教师应充分考虑幼儿身心发展特点与规律，采取有效策略，抓住教育契机，开展各种具有教育价值的活动。

1. 合理规划时间区块，减少不必要的过渡环节

过渡环节越多，教师要投入的组织精力就越大。《纲要》指出，“科学合理地安排和组织一日生活。尽量减少不必要的集体行动和过渡环节，减少和消除消极等待现象”。一日活动是用时间区块来间隔的，区块越多，过渡环节就越多。因此减少过渡环节的一个办法就是加长区块时间。例如，有些幼儿园加长区域活动时间，并把点心时间包含在区域活动时间中，这就免去了从区域活动到点心时间，再从点心时间到下个活动的过渡环节。

2. 在过渡环节前预先提醒

在下一个活动要开始前就预先提醒幼儿，因为唐突而随意地打断幼儿的游戏，可能让幼儿觉得教师不重视他们的游戏，因而产生抗拒。教师可以在活动结束几分钟前进行提醒，如对幼儿说“离整理还有 5 分钟，请抓紧时间”，这样不仅表示了对幼儿的尊重，也会给幼儿一个机会让他们完成正在做的事情，并且使他们更愿意配合教师的要求。

3. 利用音乐、儿歌、环境改变等方式过渡

可以由教师弹奏固定的旋律或播放特定的音乐，抑或是用儿歌等方式固定作为由某一环节过渡到另一环节的提示，优美而富有童趣的方式能让幼儿更好地接受，提示方式固定下来之后也可以帮助幼儿建立条件反射，养成良好习惯。还可以通过改变环境的方式来进行过渡，如在午睡前关灯、拉上窗帘等。

4. 提供清晰、简单、个别化的指令

教师在过渡环节前应对幼儿提出明确的要求。当教师的指导清晰、具体时，幼儿可以更好地理解下一步的活动。如用“请将玩具放回盒子”代替“整理时间到了”能够让幼儿更清晰地知道整理什么、怎么整理。另外，对一个孩子单次最好只给出一个指令，等完成后再给出下一个。针对个别孩子的指令可以直接叫出幼儿的姓名，幼儿接收并执行的效果会更好。教师还可以与幼儿进行眼神交流或轻轻抚摸幼儿，以确保获得他们的注意力。除了发出语言指令外，教师还可以用图片展示或身体力行的方式直接给幼儿做出示范，这对年龄较小或有听力及其他障碍的幼儿非常有效。

5. 注意幼儿的个体差异，分组活动，减少等待

由于身心发展的个体差异性，对于同样的任务，每个幼儿完成的速度可能不同，在活动结束时，每个幼儿正在进行的活动也可能不同，这就决定了过渡环节幼儿活动的“非整齐划一性”。教师应当注意幼儿的个体特点和差异，并给予有针对性的支持。

最好避免让所有的幼儿在同一时间去做同一件事情，这样可以避免很多嘈杂、拥挤的状况。因此，分组请幼儿做事是比较合适的选择。为了减少等待的时间，要确保下一个活动在部分幼儿整理结束后马上开始。这就要求班级教师之间做好分工合作，互相配合。例如，当一位教师陪伴着已经穿好衣服的幼儿到操场上活动时，保育员可以协助那些需要更多帮助和时间来穿衣的幼儿，而不是让所有的幼儿在教室里安静地等待。

6. 教师合作监督与幼儿自我管理相结合

教师之间的分工合作、互相配合，对过渡环节的组织尤为重要。教师在过渡环节中的分工应非常明确具体。过渡环节幼儿的活动相对分散，教师所处的位置要能顾及所有幼儿。而且研究发现，教师若积极地投入巡视、走动和互动的监督工作中，就能增进幼儿的合理行为。由于过渡环节对于幼儿来说可能有难度，所以教师应该积极地对幼儿进行帮助和监督。

除了教师监督外，幼儿的自我管理也非常有效。首先，教师可以和幼儿一起讨论在每个过渡环节能做什么，应当怎么做，不能做什么等；通过让幼儿参与规则的制订，让他们更加理解规则的意义。其次，请幼儿在过渡环节做一些事，或者为他们提供帮助同伴的机会，这样既有利于幼儿在做事的过程中获取特定的经验，也能够让教师有时间给那些需要帮助的幼儿提供更多鼓励或指导。

7. 留足过渡时间，将过渡环节游戏化

虽然教师应尽可能减少不必要的过渡环节，但是过渡环节是不可避免的。过渡环节需要一定的时间，教师应在一日时间表中给过渡环节留下充足的时间，并对每个必需的过渡环节进行有意的设计，让它们变成生活课程的一部分。

幼儿园一日生活中过渡环节较多，时间大多较短。适合过渡环节的游戏具有轻松愉快、简短易学、材料取放方便等特点，主要有手部动作游戏、语言游戏、音乐游戏、数学游戏、区域自选游戏、墙面游戏等。教师应当根据过渡环节的时间、性质以及将要进行的活动，选择适宜的活动穿插在过渡环节中，让过渡环节成为别样的游戏时间。适宜的过渡环节游戏可以把前后两种不同性质的活动连接起来，在两个活动之间起到润滑剂的作用，使幼儿在园的一日生活张弛有度，充满活力。

三、幼儿园班级一日生活各个环节的管理

班级一日生活常规涵盖了幼儿从来园到离园的整个过程，涉及幼儿园一日生活的各个环节。教师和保育员要明晰每个环节的职责和任务，各司其职，通力合作，有效落实一日生活各环节的常规内容与要求。表 3 - 1 为某幼儿园一日生活常规细则。

表 3-1　某幼儿园一日生活常规细则

活动内容	教师	保育员	幼儿	家长
来园活动	1. 精神饱满、态度亲切，主动向幼儿、家长问好。 2. 帮助幼儿脱衣、脱帽，将衣物放在指定的位置，摆放整齐。 3. 观察幼儿情绪，与个别家长简谈（如孩子服药、接送以及用餐情况等），并做好晨检记录。 4. 有计划地组织晨间活动，于前一天准备好活动材料，指导幼儿进行区角游戏等。	1. 幼儿入园前做好活动室内、外清洁工作并开窗通气。 2. 遵守消毒制度，用消毒毛巾擦拭幼儿可触摸到的地方（如门把手、洗手水龙头、桌椅等）。 3. 协助教师检查、整理服装，提醒幼儿适当增减衣服。 4. 指导幼儿用正确方法清洗双手。 5. 准备餐具、餐点。	1. 乐意上幼儿园，主动向老师、小朋友问早，情绪愉快地接受晨检、不携带危险物品。 2. 将自己的外衣、帽子等叠放整齐，放在固定的地方。 3. 愿意接受晨检，并懂得将身体不舒服的感觉告诉老师。 4. 积极参加区角活动，遵守活动规则，活动后将玩具放回原处，摆放整齐。	1. 遵守幼儿园作息时间，以正确的教育方式引导幼儿愉快来园，主动打招呼。 2. 幼儿因病或其他原因无法来园时应主动向本班教师请假，并说明病因。 3. 与教师做好药物交接工作。 4. 如需与教师进行沟通而情况不允时，可将沟通内容以文字形式交与老师或放入家园信箱。
盥洗与早餐	1. 观察并照顾个别幼儿，教育幼儿不挑食。 2. 餐前、餐中不处理问题，创造愉快、安静的进餐氛围，使幼儿情绪安定，积极进餐。 3. 进餐时教师要精力集中，注意观察，精心照顾幼儿，轻声地、和蔼地指导和帮助幼儿掌握进餐的技能。	1. 创造安静、整洁的进餐环境，进餐时，不拖地、不扫地。 2. 强调盥洗常规，指导幼儿正确洗手并让幼儿随洗随吃。 3. 领取和分发食物。 4. 汤类热食品必须放在固定的桌子上，防止幼儿碰到烫伤，掌握好温度，开饭时有一定的安全程序。	1. 如厕、洗手有秩序，方法正确，不玩水。 2. 按要求拿餐具、食物。 3. 进餐时要细嚼慢咽，不慌不忙，不咂嘴，不挑食，不用手抓食物，不剩饭菜，不弄脏桌面、地面和衣服，不高声讲话，不东张西望。 4. 咽下最后一口饭再站起来，轻放椅子，离开饭桌，送回餐具。 5. 饭后擦嘴、洗手、漱口。	

续表

活动内容	教师	保育员	幼儿	家长
早操及户外活动	1. 制订科学合理的户外活动计划，注意运动量和运动密度。 2. 做好集体游戏准备工作，面向全体，与孩子一起准备材料，一起游戏，指导幼儿整理收拾玩具。将幼儿活动控制在教师视线范围内。 3. 不穿高跟鞋和运动不便的服装（筒裙、一步裙、长裙）。 4. 教师精神饱满，口令、示范动作准确、熟练，并注意幼儿基本动作的练习和操节变换。 5. 集中精力，全程关注幼儿活动情况，不聊天，不因各种原因远离幼儿，不放任幼儿自由玩耍。 6. 关注幼儿的个体差异，给予适宜的指导和帮助。 7. 活动内容应在计划中注明，按计划进行活动。 8. 及时提醒幼儿增减衣服。	1. 活动前认真检查所需器械数量及清洁、安全状况。 2. 指导幼儿积极参加体育锻炼，注意在活动中观察幼儿表现，并及时给予纠正和指导。 3. 活动后提醒幼儿及时穿衣、擦汗。 4. 户外活动结束后，带领部分幼儿（学大班）整理游戏资料。	1. 积极参加体育锻炼，遵守游戏规则，喜欢玩各类游戏，学习自我保护，有安全意识。 2. 听音乐有节奏做操，精神饱满、情绪愉快、注意力集中，姿势正确，动作整齐、有力、到位，努力达到锻炼目的。 3. 与同伴友好合作玩耍，爱护运动器械，在老师指导下整理材料。 4. 活动中能运用协商、合作、求助等方式，学习化解矛盾与冲突，愉快游戏。 5. 发现自己或同伴有特殊情况时及时告诉老师，学习并掌握简单的应对危险的技巧和方法。 6. 活动中懂得根据自己的实际情况及时擦汗，增减衣服。 7. 用轻器械进行操节后能将器械放回原处，注意爱护。	
喝水	1. 根据幼儿身体状况、活动量大小及天气情况及时调整饮水量，提醒幼儿用自己的杯子喝水，不拥挤。 2. 幼儿需要喝水时，应随时给水喝。确保班上随时有温水，并及时提醒幼儿喝水。	1. 每个幼儿的口杯应放在口杯柜中固定的地方，标识明显。保持幼儿口杯清洁、整齐。 2. 保证班上随时有温度适宜的饮用水，幼儿接水时确保其安全。 3. 关心室外卫生，随时保持喝水区地面干燥。	1. 喝水时有秩序，不喧哗，不玩耍。 2. 能较快地找准自己的口杯，接水时注意安全，防止被烫伤。 3. 同伴间友好交往，不追逐，不打闹。	

续表

活动内容	教师	保育员	幼儿	家长
集体教育活动时间 小班 （15～20分钟） 中班 （20～25分钟） 大班 （25～30分钟）	1. 准备充分：(1) 充分理解、熟悉教学内容，提前一天写好教育活动计划，文字材料能背诵，示范动作熟练、准确。(2) 教学具应于前一天准备好。(3) 活动前提醒幼儿收拾玩具、如厕，做好身心准备。 2. 保证教育活动质量：(1) 教育目标明确、具体，符合本班幼儿的发展水平。(2) 以幼儿为活动主体，激发幼儿积极思考，主动探索，提高他们解决问题的能力。在活动中以幼儿发展为出发点，教师采取恰当的方式给予指导和帮助，积极引导幼儿与同伴合作学习、分享快乐。(3) 研究有效的活动形式和方法并灵活运用，突出重点，解决难点，通过集体、小组和个别教育相结合的形式，努力培养幼儿的学习兴趣，不断激发他们学习的主动性和积极性，使他们具有创造性。(4) 注意培养幼儿正确的坐、立、行姿态和握笔的姿势，保护幼儿视力。 3. 教态亲切自然，语言清晰、简练、准确、规范、不生硬。 4. 亲近、赏识幼儿，富有童心，师生关系融洽，形成良好互动。 5. 引导幼儿客观分析评价绘画、手工等作品，注意展示和保留。 6. 教育活动结束后，注重反思，认真总结经验与不足，以便今后改进。	1. 教育活动时间不随意打断教师的活动，不随意进出活动室，保持安静。 2. 需要时协助教师组织好教育活动，及时处理活动中发生的特殊情况，以保证教育活动的顺利进行。 3. 做好保育、卫生工作。	1. 如厕、洗手，逐渐转入安静状态。做好参与活动的准备工作。 2. 注意力集中，在活动过程中，积极思考，踊跃发言或提问。不干扰别人，不和小朋友发生争执，不影响活动秩序。 3. 积极参加教育活动，心情愉快。 4. 与老师、同伴分享活动经验。 5. 幼儿逐渐形成在日常生活和游戏中能够运用已获得的简单知识与技能的能力。 6. 活动后能对自己完成的作品进行自我评价。 7. 活动结束后，主动整理活动材料，物归原位。	能配合教学需要与孩子共同收集、准备有关资料和材料。

续表

活动内容	教师	保育员	幼儿	家长
如厕	1. 掌握幼儿大小便习惯，提醒幼儿及时如厕，教育幼儿便后洗手，节约用水。 2. 对如厕过程中存在的喧哗、嬉戏等个别问题及危险行为及时进行指导教育。 3. 引导幼儿主动做好集体活动、户外活动、进餐、午睡等活动前的如厕准备。	1. 指导能力弱的幼儿正确如厕，配合教师组织幼儿进行活动，确保幼儿安全。 2. 进行下一个活动的准备工作。	1. 活动中有序、讲规则，与同伴友好相处。 2. 懂得及时排便对身体健康有好处，有便意时及时告诉老师并正确如厕。 3. 知道在厕所逗留、玩耍有危险，能安静有序如厕，养成良好的如厕习惯。	
区角活动	1. 提供丰富、安全的区角活动材料，在每项活动中保证幼儿有足够的操作材料，提高他们的主动性和认知能力，让幼儿轻松、自主地选择喜欢的、有益的活动，自由结伴，自由交谈。 2. 仔细观察幼儿在活动中的表现，做好教育记录（包括观察记录和个案分析），不断积累教育资料，总结教育经验。 3. 关注每个幼儿，做好个别教育工作。	1. 协助教师指导幼儿区角游戏，并做好有关活动的准备工作。 2. 使幼儿在老师视线范围内活动，保证幼儿安全。	1. 在指定范围自选区角游戏，活动中专注、用心，爱惜操作材料。 2. 活动后及时收拾整理好游戏材料。 3. 同伴间友好交往，不追逐，不打闹。	
餐前准备及进餐活动	1. 指导幼儿用六步洗手法正确洗手，懂得节约用水。 2. 组织安静的小型活动，做好餐前教育，为幼儿创设安静愉快的用餐环境，教会幼儿一些用餐技巧。 3. 根据幼儿进食量分饭。 4. 以少食多添的原则，随时为幼儿添饭、盛汤。 5. 关心幼儿用餐情况，指导、提醒、督促幼儿养成良好的用餐习惯。 6. 组织好幼儿餐后活动，及时协助做好清理工作。	1. 做好餐前准备：消毒桌面、准备餐具。 2. 领取和分发食物，注意卫生。 3. 饭菜放置要适当，防冷防烫。 4. 在幼儿用餐时，指导、提醒、督促幼儿养成良好的用餐习惯。餐后及时做好清理工作。 5. 对饭菜质量进行客观评价。	1. 安静就座，注意保持良好秩序。 2. 正确盥洗，保持小手和桌面干净。 3. 愉快进餐，正确取放和使用餐具。 4. 细嚼慢咽，不挑食，根据需要加饭、盛汤，吃完自己的一份，保持桌面、地面、衣服的整洁，餐后漱口、擦嘴。 5. 餐后安静游戏，不打扰还在就餐的同伴。	

续表

活动内容	教师	保育员	幼儿	家长
餐后散步及安静活动	1. 教师组织幼儿散步，散步前明确要求，教育幼儿养成良好的散步常规。 2. 时间以 20 分钟为宜。	1. 整理桌面、地面。 2. 收拾并清洗餐具、用具。 3. 关心有特别情况的，留在教室里的幼儿。 4. 严格按照服药登记表中的要求协助幼儿服药。	1. 有序排队，在老师的带领下散步。 2. 散步进教室后注意安静，自觉做好睡前准备。	
午睡	1. 午休时，要全面关心幼儿，利用幼儿睡眠时间，检查幼儿服装及鞋袜，缝缀脱落纽扣，做好值班记录，按时量体温。不能以任何借口离开寝室做自己私活、看书、睡觉等，不离岗，不串岗，不待客。抽空学习、备课、制作教玩具。 2. 提醒幼儿睡前如厕，为幼儿创设安静舒适的睡眠环境，巡回指导并关心幼儿，及时、细致地为每一位幼儿盖好被(毯)，纠正不良睡姿，培养幼儿右侧卧或仰卧，不蒙头睡觉的好习惯。夏天酷热时，用柔软毛巾为幼儿轻轻地擦去汗水。 3. 随时注意保持室内空气新鲜，天暖无风时可打开窗户，拉上窗帘，但应避免对流风吹在幼儿身上。 4. 不断巡视，发现幼儿神色异常应及时报告与处理。	1. 有序做好餐后整理工作，关心幼儿如厕，完成相关工作后与教师交接班。 2. 协助教师组织管理好幼儿午睡前的准备工作。 3. 做好开窗通风工作。	1. 按需要先如厕，后就寝。 2. 独立、迅速、有序地脱衣服，将衣服摆放在固定位置。 3. 不带小玩具上床，迅速盖好被(毯)，不东张西望，闭上眼睛，安静入睡。不影响同伴入睡。	

续表

活动内容	教师	保育员	幼儿	家长
起床活动	1. 按时请幼儿起床,了解幼儿睡眠情况。 2. 指导与帮助幼儿起床、穿衣、整理床铺等(小、中、大班应有区别,小班照顾多,中班帮助多,大班指导多) 3. 注意观察幼儿外部表现:精神、皮肤、呼吸等,发现幼儿发烧等异常情况及时与医务人员联系。	1. 指导和帮助幼儿穿衣。 2. 按要求尽快整理好幼儿床铺。 3. 带生病的幼儿及时到医务室就诊。	1. 按时起床,掀开被子,按顺序正确穿衣服。 2. 学习整理床铺,把被褥铺平或折好,摆放在固定的位置。(小中班幼儿由老师帮助,先做些辅助工作,大班幼儿要求独立做好)。 3. 穿好衣服后能按老师要求进行后面的活动,不追跑、打闹。 4. 会使用饮水设备,能主动喝水保证饮水量。	在家培养幼儿独立穿脱衣物的能力。
集体教育活动	1. 做好充分准备,活动前提醒幼儿收拾玩具、如厕,做好身心准备。 2. 保证教育活动质量:(1) 教育目标明确、具体,符合本班幼儿的发展水平。(2) 以幼儿为活动主体,激发幼儿积极思考,主动探索,提高他们解决问题的能力。在活动中以幼儿发展为出发点,教师要采取恰当的方式给予指导和帮助,积极引导幼儿与同伴合作学习、分享快乐。(3) 研究有效的活动形式和方法并灵活运用,通过集体、小组和个别教育相结合的形式,努力培养幼儿的学习兴趣,不断激发他们学习的主动性和积极性,突出重点,解决难点。(4) 注意培养幼儿正确的坐、立、行姿势和握笔的姿势,保护幼儿视力。 3. 教态亲切自然,语言清晰、简练、准确、规范、儿童化。亲近、赏识幼儿,富有童心,师生关系融洽,能形成良好互动。 4. 引导幼儿客观分析评价绘画、手工等作品,注重展示和保留。 5. 教育活动结束后,注重反思,认真总结经验与不足,以便今后继承和改进。	1. 教育活动时间不随意打断教师的活动,不随意进出活动室,保持安静。 2. 按照一日常规要求做好保育、卫生工作。 3. 需要时协助教师组织好教育活动,及时处理活动中发生的特殊情况,以保证教育活动的顺利进行。	1. 如厕、洗手,逐渐转入安静状态,做好活动准备。 2. 积极参加教育活动,心情愉快。 3. 注意力集中,在活动过程中,积极思考,踊跃发言或提问。不干扰别人,不和小朋友发生争执,不影响活动秩序。 4. 与老师、同伴分享活动经验。 5. 幼儿逐渐形成在日常生活和游戏中能够运用已获得的简单知识与技能的能力。 6. 活动后能对自己完成的作品进行自我评价。 7. 活动结束后,主动整理活动材料,物归原位。	了解幼儿园教育内容,给予积极配合。

续表

活动内容	教师	保育员	幼儿	家长
盥洗与午点	1. 观察并照顾个别幼儿，教育幼儿不挑食。 2. 餐前、餐中不处理问题，创造愉快、安静的进餐氛围，幼儿情绪安定，积极进餐。 3. 进餐时教师要精力集中，注意观察，精心照顾幼儿，轻声地、和蔼地指导和帮助幼儿掌握进餐的技能。	1. 负责桌面消毒、准备点心等。创造安静、整洁的进餐环境，进餐时，不拖地、不扫地。 2. 强调盥洗常规，在洗手这一环节除了对幼儿进行卫生方面的教育，还要教育幼儿要节约用水。	1. 如厕、洗手有秩序，方法正确，不玩水。 2. 按要求拿餐具、食物，进餐时不高声讲话，不洒落点心，安静地吃完自己的一份。 3. 吃完后有序送餐具到指定地点，做到轻放并及时擦嘴、漱口。 4. 进餐时要细嚼慢咽，不慌不忙，不咂嘴，不挑食，不用手抓食物，不弄脏桌面、地面和衣服，不东张西望。 5. 咽下最后一口饭再站起来，轻放椅子，离开饭桌，送回餐具。饭后漱口、洗手。	
户外自由活动	1. 做好游戏的一切准备，保证充足的游戏时间，合理安排游戏环节。 2. 尽量让幼儿到户外自由地参加各种有益的活动。尊重幼儿意愿，切实指导幼儿游戏，注意观察、引导幼儿，及时给予帮助和指导，促进游戏情节的发展。 3. 鼓励幼儿正确进行游戏评价，为游戏的进一步开展做好铺垫。	1. 做好游戏的一切准备，协助教师组织游戏活动。 2. 使幼儿在教师视线范围之内，注意安全。	1. 情绪愉快，积极参加活动。能自选游戏、自选角色，根据游戏规则展开活动。 2. 同伴间友好交往，遇事积极思考，学习解决游戏中出现的问题。 3. 能正确使用玩具、自制游戏材料、爱护并整理活动材料。	
离园活动	1. 组织幼儿开展各类活动，并与幼儿进行简短谈话，回顾一天的生活，肯定他们的进步，提出新的要求。 2. 有计划地引导幼儿带亲子小游戏回家和父母一起玩，培养幼儿的任务意识和责任感。 3. 检查幼儿的衣服、鞋子等是否穿着整齐，提醒幼儿带好回家的用品。 4. 来接幼儿的成年人，一定要是见过面的家长，生人来接幼儿原则上不放行。对父母离异的幼儿，一方来接一定要征求另一是否同意，以免闹矛盾。 5. 主动与家长交流幼儿园情况，有特殊情况的幼儿须仔细向家长交待，有针对性地做好家园沟通。 6. 过了幼儿离园时间家长还未来到的，一方面要与家长联系，另一方面要安慰好幼儿，共同等待。	1. 下班前做好室外地面的打扫和整理工作，关好水、电阀和门窗。 2. 配合教师组织好幼儿离园活动。	愉快地离园回家，有礼貌地同老师、小朋友告别。	1. 主动与教师进行沟通，了解幼儿在园情况。 2. 注意观看每日的《家教园地》《温馨提示》，积极配合幼儿园做好各项工作。 3. 离园时同幼儿一起有礼貌地向教师道别。

任务三　幼儿园班级常规管理的方法

《纲要》在“科学、合理地安排和组织一日生活”中明确指出：建立幼儿良好的常规，避免不必要的管理行为，逐步引导幼儿学习自我管理。幼儿良好行为习惯的形成具有一定的规律，应遵循习惯形成的规律，分析多种影响因素，选择正确科学的方法。

在进入幼儿园之前，幼儿在各自家庭生活中也经历过或多或少的规则方面的教育，但远不及幼儿园常规要求得这样全面、细致。因此，了解、遵守、内化幼儿园一日生活各环节常规，不仅是幼儿适应集体生活时会遇到的一个难题，也是幼儿教师一项分量不轻的工作。下面这些方法可供大家参考：

一、榜样激励法

榜样激励法是教师根据幼儿“爱模仿”的年龄特点，强化某些幼儿的正确行为，激励其他幼儿以此为榜样，从而教育影响幼儿的一种方法。榜样由于具体、形象，容易被幼儿接受，且能长期保存在幼儿记忆里，教师要善于利用榜样向幼儿示范可取的行为和可取的情感态度。（榜样激励法在项目一已进行论述，可回顾参考。）一般可以用下列人物和事物做榜样：

1. 以同班幼儿为榜样，促进常规教育。在同班幼儿中总会有一些孩子能够按照老师的要求去做，教师要善于发现幼儿的这些闪光点，鼓励和激励其他孩子向榜样学习，通过榜样的力量促进幼儿常规的形成。

2. 以教师为榜样，促使幼儿常规的形成。教师是幼儿心目中最有威望的人，教师的一言一行都会被幼儿模仿。幼儿对教师非常信任和依恋，因此，教师要以身作则，成为幼儿的榜样。

3. 以文艺作品中的典型形象为榜样，唤起幼儿情感。比如可以使用儿歌中的榜样来激发幼儿的兴趣，唤起幼儿良好的情感，帮助幼儿记住常规的要求。

二、行为练习巩固法

幼儿在了解了一定的生活常规习惯之后，还需要通过儿歌、游戏和情景表演、比赛等形式加以巩固。如可引导幼儿模拟练习正确的洗手方法，比一比谁做得最好，并适当奖励，达到巩固行为、建立良好常规的目的。

而在练习中，基于幼儿喜欢的游戏而将规则融入游戏中是非常有效的。因为幼儿具有好奇、好动、好游戏、好模仿、思维具体形象、情绪作用大等特点，他们最喜欢在有趣的活动中接受教育，而游戏则是对幼儿进行常规教育的良好手段。教师根据幼儿喜欢游戏的特点，在理解和尊重幼儿身心特点的基础上，采用游戏的形式或游戏的口吻激发幼儿学习常规，把对幼儿的要求转化为幼儿的内部需求，引导幼儿主动遵守规则，从“必须这样”转化为“我要这样”，而非让幼儿被动接受管理。

三、艺术作品熏陶法

儿歌、故事、图片、木偶剧等文艺作品短小精悍，便于幼儿记忆，寓教育内容于艺术作品之中，可以使一些常规要求在反复的朗诵和活动中潜移默化。例如，听故事是幼儿喜爱的活动，教师可以把一日生活常规要求渗透到故事中，让幼儿明白应该怎样做，不应该怎样做。如通过绘本《我爱刷牙》来让幼儿知道要保护牙齿，帮助他们养成刷牙的习惯；通过故事《大卫去上学》帮助幼儿建立良好的学习常规。

洗手儿歌

打开水龙头，淋湿小小手。
擦擦小肥皂，相对搓搓手。
手心对手背，相互搓一搓。
互握大拇指，相互转转转，
指关节弯弯腰，掌心上面来搓搓。
手腕洗一洗，龙头冲一冲。
关紧擦干净，细菌全跑掉。

四、环境提示法

创设“会说话”的环境，让环境潜移默化地引导幼儿。环境是重要的教育资源，幼儿每日都要生活、学习于其中，教师要善于创设环境，发挥环境潜移默化的常规管理作用。教师可以将班级的常规要求用绘画作品、照片、图示、文字符号等形式展现在幼儿面前，提示幼儿遵守常规的方法。环境提示法容易让幼儿自觉遵守活动的规则，比起教师的说教更容易让幼儿接受，而且往往能收到良好的效果。例如，幼儿进餐后常常忘记需要做的事情，教师可以将送餐具、擦嘴、擦桌子、漱口几件事情用照片记录下来，展示在环境中，从而提示幼儿按顺序做好。

五、家园合作法

《纲要》明确指出："与家长配合，根据幼儿的需要建立科学的生活常规。培养幼儿良好的饮食、睡眠、盥洗、排泄等生活习惯和生活自理能力。"家长是孩子的第一任老师，有着教师无法替代的作用，家园合作非常重要。

1. 教师要了解家长和家庭，与家长经常联系，建立互信关系。教师要了解幼儿家庭的不同文化背景，指导家长配合幼儿园进行一致性教育，巩固幼儿良好的生活常规习惯。因此，可以利用家园联系册、电话、家访、家长会等多种渠道，与家长建立经常性的联系。教师要真心与家长交朋友，以平等谦虚的态度和家长对话；要真诚接待每位家长，笑迎家长，笑送家长，做到手勤、口勤。早晨孩子入园时，教师要热情拥抱每一个孩子，给孩子一个良好的情绪；下午孩子离园时，告诉家长孩子在幼儿园一天的生活、学习情况，及时沟通、共同切磋育儿经验。

2. 家园合力、持之以恒地培养幼儿常规。家园配合，能使幼儿在幼儿园获得的规则意识和经验得以在家庭中延续、巩固甚至发展。无论幼儿在园的五天里取得多大的进步，在家的两天一旦松懈，效果很可能就会大打折扣，由此可见家园合作的重要性。教育家陈鹤琴提出："良好习惯之养成与否，家庭教育应负重要的责任。"教师要及时了解幼儿的家庭情况，并针对不同家庭提出指导意见，让幼儿在家中也能保持好习惯。

六、自我管理法

《指南》中提到：5～6 岁的幼儿具有"理解规则的意义，能与同伴协商制订游戏和活动规则"的典型表现。因此可以让中大班的幼儿与同伴讨论，共同参与规则的制订与修改，真正发挥幼儿主体作用，引导幼儿自我管理。

德弗里斯认为，通过讨论让幼儿参与班级常规的制订有三个好处：一是可以促使幼儿认识到常规的必要性；二是提升幼儿对教室内常规程序和决策的归属感；三是强化幼儿对班上开展的事务的责任感。一旦有了责任心，幼儿就会很自然地将遵守常规视作自己的分内事，更加积极自觉地去遵守这些规则，甚至是主动地成为规则执行的"监督者"。

当然，一日生活常规的管理方法远不止以上六种，教师应根据班级的实际情况和幼儿的内在需求灵活采取多种方法。

知识拓展

幼儿园一日活动时间表

实战演练

1. 【2017 下《保教知识与能力》·单选】对幼儿如厕，教师最合理的做法是（ ）。

   A. 允许幼儿按需自由如厕

   B. 要求排队如厕

   C. 控制幼儿如厕次数

   D. 控制幼儿如厕的间隔时间

2. 【2016 下《保教知识与能力》·单选】活动区活动结束了，可是曼曼的“游乐园”还没搭完，他跟老师说：“老师，我还差一点儿就完成了，再给我 5 分钟，好吗?”老师说：“行，我等你。”老师一边说，一边指导其他幼儿收拾玩具……该教师的做法体现了幼儿园一日生活安排应该（ ）。

   A. 与幼儿积极互动

   B. 根据幼儿活动的需求灵活调整

   C. 按作息时间表按部就班地进行

   D. 随时关注幼儿的活动

3. 【简答】入园环节对教师的要求是什么?

4. 【2022 上《保教知识与能力》·论述】试述幼儿园教育应“渗透于幼儿园一日生活的各项活动之中”的理由，并举例说明。

5. 【2019 下《保教知识与能力》·论述】试述科学安排幼儿园一日生活的原则。

6. 【2018 下《保教知识与能力》·论述】什么是幼儿园一日生活常规？试述培养幼儿一日生活常规的意义和方法。

项目三
知识拓展及实战演练答案

项目四

幼儿园班级卫生保健管理

项目四
微课视频

学习目标

知识目标	了解幼儿园班级卫生保健工作管理的含义及意义，掌握班级卫生保健工作管理的各项内容。
技能目标	能够按照幼儿园班级卫生保健工作管理要求，选择适当的途径、方法开展各项工作，以促进幼儿身心健康发展。
素质目标	理解并认同卫生保健工作管理对幼儿发展的意义，树立正确的卫生保健工作观念。

思维导图

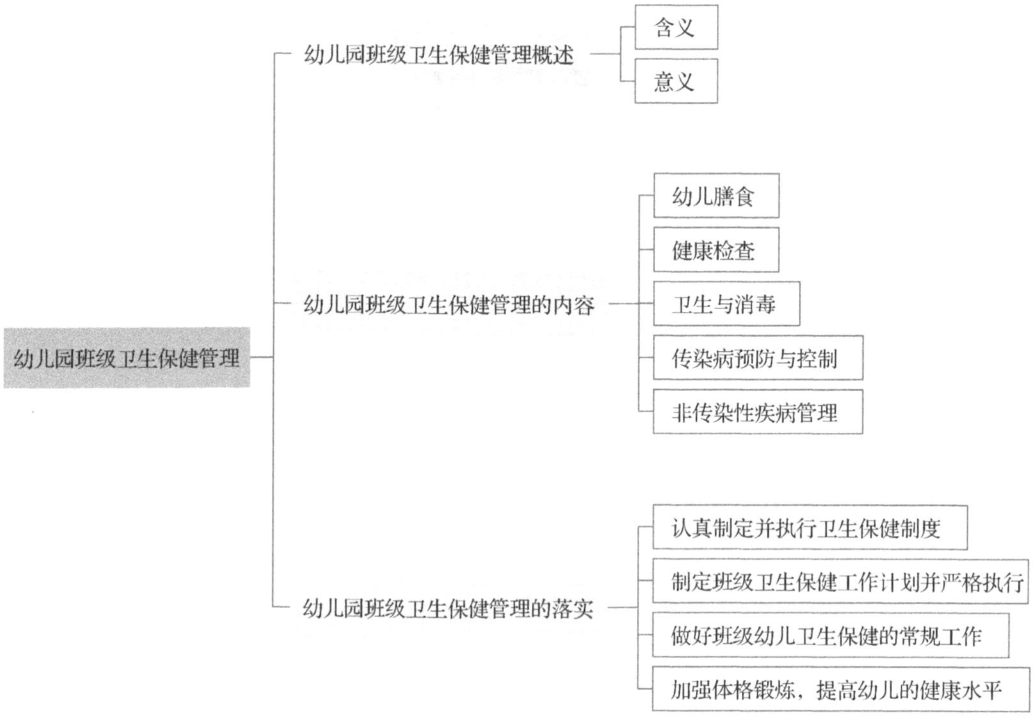

案例导入

越来越棒的蕊蕊（特殊体质儿童）

蕊蕊是幼儿园中班新来的孩子，但特殊的是她并不是转园过来的。原来蕊蕊在入园前曾有过几次高热惊厥的发病史，而且她在之前的幼儿园刚上不到一个月就发病了一次，因此后来的将近一年时间里妈妈没敢再把蕊蕊送到幼儿园，而是自己在家照看。随着蕊蕊慢慢长大，她的交往愿望越来越强烈，妈妈只能到处给蕊蕊找合适的幼儿园。蕊蕊所在小区的很多幼儿都在本地新开的一家幼儿园就读，孩子和家长反映都不错，蕊蕊妈妈也抱着试一试的心态带着孩子参加了几次幼儿园组织的活动，老师照顾得很仔细，蕊蕊玩得很开心。于是蕊蕊妈妈找到了幼儿园园长说明了蕊蕊的情况，并主动与幼儿园签订了免责协议，然后给蕊蕊报了名。开始的一个月，蕊蕊在吃完午餐之后就由妈妈接回家了。第二个月，蕊蕊回家午睡之后下午又来到幼儿园。大概从第三个月开始，蕊蕊就和其他小朋友一样正常在园了。在这期间，幼儿园的领导和班级老师都了解并十分关注蕊蕊的情况，每天随时关注蕊蕊的身体状况，在运动量较大时会降低对蕊蕊的要求，避免蕊蕊体温升高。蕊蕊的妈妈也一直十分配合，当蕊蕊身体突发不适时都会及时将她接回家。就这样在幼儿园和家庭的配合之下，蕊蕊的身体越来越好了，再也没有发过病。

任务一　幼儿园班级卫生保健管理概述

一、幼儿园班级卫生保健管理的含义

幼儿园班级卫生保健管理是对幼儿个人和集体采取的医疗保健和卫生防疫相结合的管理办法，主要任务是贯彻预防为主、保教结合的工作方针，为幼儿创造良好的生活环境。广义的幼儿卫生保健包括一日生活安排、幼儿膳食、体格锻炼、健康检查。

二、幼儿园班级卫生保健管理的意义

幼儿园卫生保健工作是公共卫生的一个领域。我国政府历来重视和关心托幼机构卫生保健工作，先后制订并实施了一系列法律法规保护和促进幼儿健康。2010 年卫生部、教育部联合颁发了修订后的《托儿所幼儿园卫生保健管理办法》；2011 年，国务院颁布了《中国儿童发展纲要（2011—2020 年）》，坚持“幼儿优先”原则，提高幼儿整体素质，促进幼儿身心健康发展，为了进一步规范托幼机构卫生保健工作，2012 年 5 月 9 日卫生部组织专家修订形成了《托儿所幼儿园卫生保健工作规范》。幼儿园班级卫生保健工作是幼儿园卫生保健工作实施的重要主体，对幼儿的身心生长发育有着直接影响。因此，实施幼儿园班级卫生保健工作有着十分重要的意义。

（一）卫生保健工作管理有利于促进幼儿健康发展

幼儿园班级卫生保健工作管理的对象是正在发育和成长中的幼儿，他们生长发育迅速，然而身体尚未发育完善，容易受到损害；同时，幼儿适应环境的能力和对疾病的抵抗力不强，容易感染疾病。因此幼儿园要为幼儿提供适合其年龄特点的卫生保健和生活环境，采取必要的卫生保健措施，使过集体生活的幼儿减少感染疾病的机会，避免传染病的蔓延，保证全体幼儿的健康。

(二) 卫生保健工作管理有利于实施良好的保育和教育

幼儿生长发育还未定型，且行为习惯与个性也正在逐步形成的过程中。幼儿园可以通过有计划、有组织、有目的的管理工作科学地安排幼儿的一日生活，提供合理的营养膳食，定期体检，进行疾病的防治和生活卫生常规的培养，建立安全措施，实施良好的保育和教育，促使幼儿加强体格锻炼，促进其健康成长。班级保教人员和幼儿接触最多，因此应重视班级日常性的卫生保健工作，重视幼儿日常生活活动及每天的饮食起居环节中的卫生保健工作。

任务二　幼儿园班级卫生保健管理的内容

一日生活安排、幼儿膳食、健康检查、卫生与消毒、传染病预防与控制、常见疾病预防与管理都属于幼儿园班级卫生保健管理的内容，由于一日生活安排已经在项目三中进行了详细说明，在此不再赘述。

一、幼儿膳食

(一) 幼儿膳食的营养卫生

为幼儿提供营养卫生的膳食，是幼儿园班级保育工作的重要任务。因此必须关注膳食的营养卫生要求。

1. 合理营养、平衡膳食

为维持生命和促进健康，幼儿每日必须摄入一定量的食物，这些食物要满足幼儿合理营养的需求。平衡膳食是合理营养在膳食方面的具体表现，它是将各种食物组成一种符合人体需要的合理膳食，使具有不同营养特点的食物在膳食中占有恰当的比例，从而保证人体的营养需要和膳食供给之间达到平衡。

幼儿的平衡膳食基本上包括六大类食品：谷类、动物类食品、豆类及其制品、蔬菜和水果、烹调油类、调味品。这六大类食品在一日膳食中要搭配得当，才能保证合理营养，这六大类食品必须具备以下四个条件：质优；量足；各种营养素比例适当、合理；调配得当，容易消化。这样的膳食才称得上是平衡膳食。中国学龄前儿童平衡膳食宝塔如图 4－1 所示。

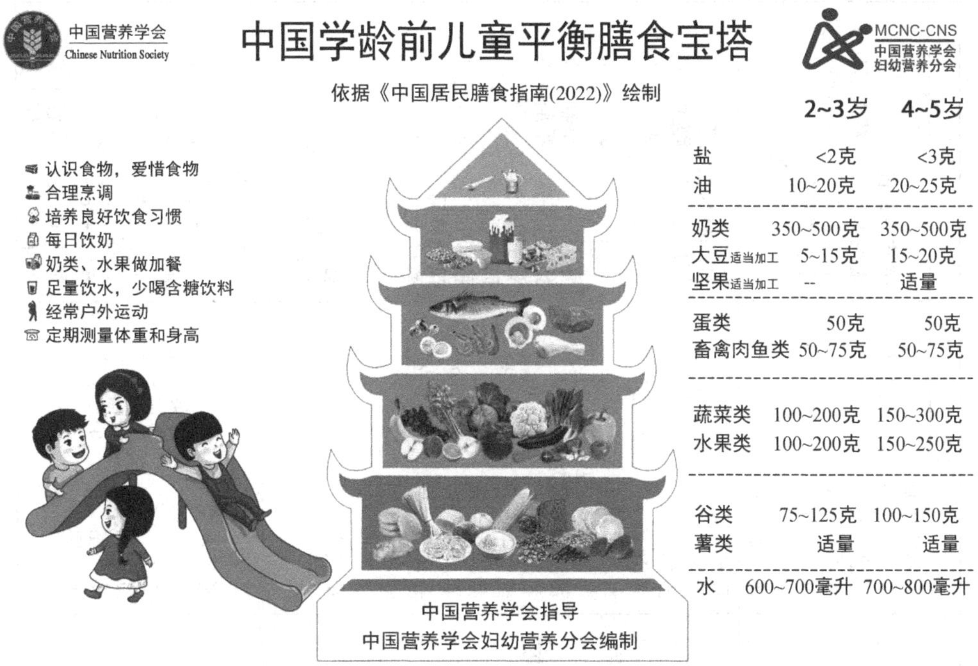

图 4-1　中国学龄前儿童平衡膳食宝塔

图片来源：《中国居民膳食指南（2022）》（中国营养学会妇幼营养分会，2022 年）

2. 合理的膳食制度

饮食营养卫生是合理营养在幼儿饮食中的具体表现，合理的膳食制度是幼儿饮食营养卫生和幼儿生长发育的基本保证。合理的膳食制度包含进餐次数、进餐时间、热能分配等内容。

（1）进餐时间及次数。幼儿进餐次数为每日三餐加 1～2 次点心，两餐之间的间隔时间应不少于 4 小时。幼儿进餐时间应根据每天的作息时间来确定，随着年龄的变化以及季节的交替可稍有调整，但应相对固定，不要频繁地更改，更不能随意安排进餐时间。每次进餐应让幼儿有充分的时间细嚼慢咽，一般每次进餐时间为 20～30 分钟。在较大运动量的活动之后，至少应休息 15～20 分钟后再进餐。

（2）热能分配。三餐热能分配应该充分考虑到幼儿的身心发展特点和活动的需要，合理地分配各餐食物。总的来说，各餐摄入的总热能应大致均衡，每日总热能中，早餐约占 30％（包括上午 10 点的加餐），午餐约占 40％（包括下午 3 点的午点），晚餐约占 30％。

（3）根据膳食计划制订带量食谱，1～2 周更换 1 次。食物品种要多样化且合理搭配，肉类要经常更换，蔬菜应心理选择当季新鲜蔬菜，保证口味多样、营养均衡。某幼儿园带量食谱如表 4-1 所示。

表 4－1　某幼儿园带量食谱

	周一	周二	周三	周四	周五
早餐	**什锦肉丝鸡蛋面条** 青笋 15 克　胡萝卜 8 克 面条 20 克　小葱 1 克 香菇 2 克　白菜 15 克 猪肉 15 克　富硒鸡蛋 35 克	**猪肉包菜包子** 猪肉 15 克　包菜 20 克 小麦粉 50 克 **五谷杂粮粥** 黑豆 2 克　糯米 5 克 籼米 10 克　花生 5 克 加锌绵白糖 5 克	**蔬菜肉丝豆皮** 大白菜 15 克　胡萝卜 8 克 猪肉 15 克　番茄5 克 小葱 1 克　大蒜 1 克 大米豆皮 45 克 鹌鹑蛋 10 克	**肉末葱花卷** 小麦面粉 50 克　猪肉 20 克 小葱 5 克 **绿豆薏米粥** 绿豆 5 克　薏米 5 克 五香大米 10 克　糯米 10 克 绵白糖 5 克	**美味小馄饨** 馄饨皮 22 克　猪肉馅 20 克 小葱 1 克　大白菜 15 克 **奶香甜玉米** 鲜玉米 50 克
午餐	**黑米饭** 稻米 50 克　黑米 2 克 **小白菜烩豆腐** 豆腐 15 克　小白菜 20 克 **彩椒土豆肉丝** 彩椒 3 克　土豆 40 克 猪肉 15 克　小葱 1 克 **五彩紫菜汤** 紫菜 3 克　虾皮 2 克 黄瓜 10 克　木耳 1 克	**荞麦米饭** 荞麦 3 克　稻米 50 克 **花甲粉丝汤** 花甲 15 克　姜 1 克 大蒜 1 克　小葱 1 克 粉丝 5 克 **海鲜菇炒花菜** 花菜 35 克　蟹味菇 5 克 胡萝卜 5 克　大蒜 1 克 **豆干青椒肉丝** 豆干 12 克　青椒 4 克 胡萝卜 10 克　大蒜 1 克	**二米饭** 稻米 50 克　小米 3 克 **丝瓜鲫鱼汤** 丝瓜 20 克　鲫鱼 15 克 小葱 1 克　姜 1 克 **肉沫冬瓜丁** 猪肉 15 克　冬瓜 40 克 小葱 1 克　大蒜 1 克 **荷塘小炒** 荷兰豆 10 克　莲藕 25 克 木耳 10 克　胡萝卜 10 克	**赤豆米饭** 稻米 50 克　赤小豆 3 克 **五彩肉丁** 猪肉 15 克　青笋 20 克 鲜玉米粒 10 克 胡萝卜 12 克 **西红柿油菜炒鸡蛋** 番茄 10 克　鸡蛋 40 克 绵白糖 5 克　小油菜 30 克 **猪肝萝卜汤** 猪肝 50 克　白萝卜 25 克 番茄 30 克　小葱 1 克 姜 1 克	**虾仁腰果烩三丁** 虾仁 15 克　腰果 2 克 黄瓜 20 克　胡萝卜 15 克 **酸汤酥肉烩菜** 平菇 8 克　淀粉 5 克 姜 1 克　小葱 1 克 猪肉 25 克　番茄 5 克 鸡蛋 10 克 **碎金饭** 稻米 50 克　玉米粉 3 克 **清炒笋瓜** 笋瓜 35 克　大蒜 2 克
午点	**苹果** 红富士苹果 100 克	**雪梨甘蔗汤** 雪梨 20 克　甘蔗 10 克 **水煮花生** 花生 20 克	**柚子** 柚子 100 克	**小点心** 饼干 40 克	**香蕉** 香蕉 80 克
晚餐	**红糖枣糕** 鲜红枣 2 克　红糖 5 克 小麦面粉 50 克 **黄豆猪蹄汤** 黄豆 10 克　姜 1 克 大蒜 1 克　小葱 1 克 猪蹄 220 克	**五彩蝴蝶面** 番茄 8 克　小葱 1 克 蝴蝶面 18 克　瘦猪肉 15 克 上海青 15 克　土豆 20 克 **鸡蛋羹** 鸡蛋 50 克　芝麻油 1 克	**奶香玉米面发糕** 全脂奶粉 6 克 玉米面 7 克　红糖 1 克 葡萄干 2 克　绵白糖 5 克 小麦面粉 45 克 **排骨土豆汤** 猪小排 22 克　土豆 35 克 小葱 1 克	**酸汤水饺** 虾皮 1 克　香菜 2 克 饺子 45 克　番茄 8 克 **红烧鸡翅** 姜 2 克　小葱 1 克 鸡中翅 20 克	**土豆丝鸡蛋薄饼** 鸡蛋 40 克　土豆 30 克 芒麻 1 克　胡萝卜 10 克 小葱 2 克　番茄 5 克 小麦面粉 40 克 猪肉 15 克 **番茄鱼丸汤** 番茄 10 克　大葱 1 克 鱼丸 20 克　小葱 1 克

注:食物为生重,部分食物为地方特色

(二) 幼儿膳食管理

班级内的幼儿膳食管理主要包括培养幼儿良好的饮食习惯和班级进餐管理两方面，下面主要讨论幼儿良好饮食习惯的培养。

1. 培养良好饮食习惯的重要性

幼儿在有规律的生活活动中逐渐形成良好生活习惯。饮食习惯是生活习惯的重要组成部分。对儿童来说，良好的饮食习惯是身心健康的必要条件。

2. 幼儿良好饮食习惯的内容

(1) 知道饮食与人体健康的关系，愿意广泛摄入各种食物，不偏食、不挑食、不暴饮暴食；(2) 按时进餐，养成细嚼慢咽、不说笑打闹的进餐习惯；(3) 饭前洗手、饭后漱口、进餐时保持桌面和地面清洁；(4) 正确使用勺子、筷子等餐具，有独立进餐的技能；(5) 学会吐鱼刺、剥虾等进餐技能；(6) 按需取食、不浪费食物。

3. 培养幼儿的良好饮食习惯

培养幼儿的良好饮食习惯：(1) 饮食定量，控制零食。除了一日三餐、1～2 次的点心之外，要控制零食，使幼儿养成吃好三餐的好习惯。定时定量吃好三餐，是保证大脑血糖供给的重要措施。(2) 就餐卫生习惯。培养幼儿的饮食卫生习惯，如饭前洗手，饭后漱口，不吃不清洁、不新鲜的食物，不喝生水，不捡掉在桌上或地下的东西吃，注意餐具卫生。(3) 培养幼儿良好的就餐礼节。吃饭时细嚼慢咽、喝汤时不应发出较大的声响，夹菜时不可东挑西拣，不糟蹋饭菜等。同伴之间要懂得谦让，好吃的东西要和别人分享，不应该独占。吃饭时不嬉闹，吃干净自己碗中的食物。

二、健康检查

(一) 入园健康检查

幼儿入园前应当由医疗卫生机构进行健康检查，检查合格后方可入园。通过健康检查可以了解幼儿生长发育情况及健康状况，以鉴定幼儿是否适合过集体生活，并预防幼儿将传染病带入幼儿园。

幼儿离开幼儿园 3 个月以上需重新按照入园检查项目进行健康检查。

(二) 定期健康检查

幼儿定期健康检查包括：测量身长（身高）、体重，检查口腔、皮肤、心肺、肝脾、脊柱、四肢等，测查视力、听力，检测血红蛋白或血常规。3 岁以上幼儿每年健康检查 1 次。每半年测量身高、视力一次，每季度量体重一次。所有幼儿每年进行 1 次血红蛋白或血常规检测。体检后应当及时向家长反馈健康检查结果。

（三）晨午检及全日健康观察

1. 做好每日晨午检。检查内容包括询问幼儿在家有无异常情况，观察幼儿精神状况、有无发热和皮肤异常，检查幼儿有无携带不安全物品等，发现问题及时处理。

2. 应当对幼儿进行全日健康观察，内容包括饮食、睡眠、大小便、精神状况、情绪、行为检查等，并做好观察及处理记录。

3. 卫生保健人员每日深入班级巡视 2 次，发现患病、疑似传染病幼儿应当尽快隔离并与家长联系，及时带幼儿到医院诊治，并追访诊治结果。

4. 患病幼儿应当离园休息治疗。接受家长委托喂药时，应当做好药品交接和登记工作，并请家长签字确认。给幼儿服药前要仔细核对姓名、药品、用量，按时、准确地给患儿喂药。

三、卫生与消毒

（一）卫生消毒常规

1. 通风换气常规

在幼儿每天早晨入园前 15 分钟将活动室开窗通风（视天气情况灵活掌握），冬季定时开窗通风换气，保持室内空气清新；寝室每天用紫外线灯消毒半小时；启用空调时应注意室内空气的新鲜度、湿度和温度。

2. 环境卫生常规

保持环境清洁卫生，坚持每餐一小扫、每天一大扫、每周彻底清扫一次。

（1）活动室。空气新鲜、地面整洁；玻璃明亮、光线充足；室内摆设整洁舒适、布置无尘垢。

（2）寝室。定时开窗和关窗，温度、湿度适宜，床铺整齐，窗明几净；床栏杆、暖气、窗台、柜子、灯罩、电扇等无尘土；墙壁干净，无蛛网，床下无杂物。

（3）盥洗室。清洁通风，水池下水道处无头发、污物，地面无积水、污渍，便池、便盆及时冲洗，无尿碱，无臭味，无苍蝇；门、窗、镜、灯、柜等清洁干净；消毒水等物品放在幼儿够不着的地方。

3. 个人卫生常规

（1）幼儿个人卫生习惯。日常生活用品专人专用，做好消毒工作；幼儿饭前便后洗手，早晚用流动的水洗手和脸；饭后要漱口，大、中班幼儿每日要刷牙；定期洗头和洗澡；每天洗脚，洗屁股，洗屁股毛巾要每天消毒；每周剪手指甲一次，每两周剪脚趾甲一次；保持幼儿服装整洁，衣服、被褥、床单要勤洗勤晒；保护幼儿视力；活动室采光好，阅读、书写、绘画活动时有良好的照明；注意用眼卫生，一次连续近距离读、写、画时间不超过30分钟，近视幼儿适当缩短近距离用眼时间；看电视以每周一两次为宜，每次20分钟左右，眼睛距电视距离2～3米，电视机安放高度适中；长时间用眼后应有10～15分钟休息时间或组织户外活动，以放松双眼；保持良好的读写姿势。

（2）保教人员个人卫生常规。仪表整洁，勤洗澡，勤剪指甲；在幼儿饭前便后给幼儿用肥皂和流动水洗手；不得在幼儿寝室、活动室和其他幼儿集中活动的室内吸烟。

4. 清洗消毒常规

（1）餐具、餐桌、口巾（饭后擦嘴的毛巾）一餐一消毒。餐具要按规范清洗消毒，做到洗后无污物。

（2）手巾、水杯专人专用，一日一消毒。

（3）玩具、图书要保持清洁，一周一消毒。

（4）床单半月一换，被褥一月一晒。

（5）为保证幼儿随时饮水，下午水杯不宜过早消毒，最好在下班前消毒；消毒时应将所有水杯（包括未出勤幼儿的水杯）、点心盘和点心夹放入消毒柜或高温蒸煮消毒。

（6）保教人员每天下班前应将饮水器（或保温桶）中的余水倒干净，以免积水垢；每周应清洗一次饮水器（或保温桶）。

（7）盥洗室内所有盆、桶、壶应洗净晾干放入橱柜，以免柜内产生潮气、霉变。

（二）常用消毒方法

幼儿园常用的消毒方法主要有物理消毒法和化学消毒法。

1. 物理消毒法。物理消毒法是利用物理因素清除或杀灭病原微生物，常用的方法有机械消毒法、日光消毒法、热力消毒法、光照消毒法等。

（1）机械消毒法。例如，刷洗、利用水的机械作用清洗或用肥皂擦手冲洗等。该方法操作简便、经济实惠，使用广泛。

（2）日光消毒法。一些不宜清洗消毒的玩具、图书、被褥等，可放在日光中曝晒，日光中的紫外线有强烈的杀菌作用。

（3）热力消毒法。热力消毒法是一种常用的、有效的消毒方法。常用的热力消毒法有消毒柜消毒、流动蒸汽消毒、煮沸消毒等，该方法尤其适合于餐具、茶具、毛巾等物的消毒。

（4）光照消毒法。利用红外线、紫外线的杀菌作用消毒。常见的消毒灯有紫外线灯和臭氧消毒灯，适用于房屋、空间消毒，不易产生死角。

2. 化学消毒法。化学消毒法利用化学试剂进行消毒。幼儿园常用的化学试剂有含氯消毒剂（如次氯酸钠、漂白粉）、过氧乙酸、乙醇、碘酊等。不同的化学试剂适用范围也不同。含氯消毒剂适用于餐具、环境、水、粪便、痰液等的消毒；过氧乙酸适用于玩具、桌椅、地面的消毒；乙醇（即酒精）适用于皮肤、物品表面（如体温计）及器械的消毒；碘酊适用于伤口、注射部位的消毒。托幼机构环境和物品预防性消毒方法如表 4－2 所示。

表 4－2　托幼机构环境和物品预防性消毒方法

消毒对象	物理消毒方法	化学消毒方法	备注
空气	开窗通风，每日至少 2 次，每次至少 10～15 分钟。		在外界温度适宜、空气质量较好、保障安全性的条件下，应采取持续开窗通风的方式。
	采用紫外线杀菌灯进行照射消毒，每日 1 次，每次持续照射时间 60 分钟。		1. 不具备开窗通风空气消毒条件时使用。 2. 应使用移动式紫外线杀菌灯。按照每立方米 1.5 瓦计算紫外线杀菌灯管需要量。 3. 禁止用用紫外线杀菌灯照射人体体表。 4. 在室内有人环境持续照射消毒时，应使用无臭氧式紫外线杀菌灯。
餐具、炊具、水杯	煮沸消毒 15 分钟或蒸汽消毒 10 分钟。		1. 食具必须先去残渣、清洗后再进行消毒。 2. 煮沸消毒时，被煮物品应全部浸没在水中；蒸汽消毒时，被蒸物品应疏松放置，水沸后开始计算时间。
	用餐具消毒柜、消毒碗柜消毒。		1. 使用符合国家标准规定的消毒产品。 2. 保洁柜无消毒作用。不得用保洁柜代替消毒柜进行消毒。
毛巾类织物	用洗涤剂清洗干净后，置阳光下直接曝晒干燥。		曝晒时不得相互叠夹。曝晒时间不低于 6 小时。
	煮沸消毒 15 分钟或蒸汽消毒 10 分钟。		煮沸消毒时，被煮物品应全部浸没在水中；蒸汽消毒时，被蒸物品应疏松放置。
		使用次氯酸钠类消毒剂消毒。使用有效氯浓度为 250～400 毫克每升的消毒液，浸泡消毒 20 分钟。	消毒时将织物全部浸没在消毒液中，消毒后用生活饮用水将残留消毒剂冲净。

续表

消毒对象	物理消毒方法	化学消毒方法	备注
抹布	煮沸消毒 15 分钟或蒸汽消毒 10 分钟。		煮沸消毒时，抹布应全部浸没在水中；蒸汽消毒时，抹布应疏松放置。
		使用次氯酸钠类消毒剂消毒。使用有效氯浓度为 400 毫克每升的消毒液，浸泡消毒 20 分钟。	消毒时将抹布全部浸没在消毒液中，消毒后可直接控干或晾干存放；也可用生活饮用水将残留消毒剂冲净后控干或晾干存放。
餐桌、床围栏、门把手、水龙头等物体表面		使用次氯酸钠类消毒剂消毒。使用浓度为有效氯 100～250 毫克每升、消毒 10～30 分钟。	1. 可采用表面擦拭、冲洗消毒方式。 2. 餐桌消毒后要用生活饮用水将残留消毒剂擦净。 3. 家具等物体表面消毒后可用生活饮用水将残留消毒剂去除。
玩具、图书	每两周至少通风晾晒一次。		适用于不能湿式擦拭、清洗的物品。 曝晒时不得相互叠夹。曝晒时间不低于 6 小时。
		使用次氯酸钠类消毒剂消毒。使用有效氯浓度为 100～250 毫克每升的消毒液，表面擦拭、浸泡消毒 10～30 分钟。	根据污染情况，每周至少消毒 1 次。
便盆、坐便器与皮肤接触部位、盛装吐泻物的容器		使用次氯酸钠类消毒剂消毒。使用有效氯浓度为 400～700 毫克每升的消毒液，浸泡或擦拭消毒 30 分钟。	1. 必须先清洗后消毒。 2. 浸泡消毒时将便盆全部浸没在消毒液中。 3. 消毒后用生活饮用水将残留消毒剂冲净后控干或晾干存放。
体温计		使用 75%～80%乙醇溶液，浸泡消毒 3～5 分钟。	使用符合《中华人民共和国药典》规定的乙醇溶液。

注：1. 使用符合《次氯酸钠类消毒剂卫生质量技术规范》规定的次氯酸钠类消毒剂；

2. 根据国家法规《中华人民共和国传染病防治法》规定，配合当地疾病预防控制机构实施传染病消毒。

四、传染病预防与控制

传染病是由病原体侵入机体引起的，并能在人群之间、人与动物之间传播的疾病。

（一）传染病发生和流行的三个因素

传染病的流行必须具备传染源、传播途径和易感人群三个因素，缺少其中任何一个因素，都不能流行。当传染病流行时，破坏其中任何一个因素，流行即可终止。

1. 传染源

传染源是指传染病患者、病原体携带者和受感染的动物。病原体可存在于传染源的呼吸道、消化道、血液或其他组织中，并能通过传染源的排泄物或分泌物直接或间接地传染给健康的人。就大多数传染病来说，传染病患者是主要的传染源。

2. 传播途径

病原体由传染源到达健康人体内所经过的途径叫作传播途径。

3. 易感人群

易感人群是指容易受这种传染病传染的人群。例如，未出过麻疹的幼儿就是麻疹的易感人群。人群的易感性取决于人群中每个人的免疫状态。人群中某种传染病的易感患者越多，发生该传染病流行的可能性就越大。

（二）传染病预防和控制的途径

对于传染病，必须坚决贯彻“预防为主”的方针。针对传染病流行的三个因素，可采取必要的预防措施。

1. 控制传染源

早发现传染病患者及病原体携带者，可有效控制传染病的传播。不少传染病在发病以前已经具有了传染性，特别是发病初期的传染性最强。对传染病患者必须做到“三早”：早发现、早隔离和早治疗，以防止传染源的蔓延。幼儿园应完善并坚持执行健康检查制度。

2. 切断传播途径

要切实搞好疫源地的消毒、隔离管理。在发生烈性传染病时可考虑封锁疫区。对肠道传染病要做好隔离工作，呕吐物要经过严格的消毒处理，并加强对饮食、水源和粪便的管理；对呼吸道传染病，除隔离外，要实行湿式打扫，防止灰尘飞扬，还要加强通风换气，并采用紫外线照射或乳酸蒸气消毒。教育幼儿养成良好的卫生习惯，对病儿所在的班级，要进行彻底的消毒。

3. 提高易感人群的抵抗力

平时成人应帮助幼儿养成良好的卫生习惯，严格执行幼儿作息制度；让幼儿多接触阳光与空气，多参加户外活动，进行适宜的体育锻炼；为幼儿提供合理的营养，以增强机体的抵抗力。在传染病流行期间应保护易感者不与传染源接触，并根据实际情况，做好预防接种工作。

(三) 幼儿常见传染病

由于自身免疫力较弱，幼儿是传染性疾病的高危人群，常见的幼儿传染病包括流行性感冒、水痘、麻疹、流行性腮腺炎、病毒性肝炎、猩红热、手足口病等。其发病表征和传染途径如表 4－3 所示。

表 4－3 幼儿常见传染病的发病表征和传染途径

类型	发病表征	传染途径
流行性感冒	潜伏期约 18～72 小时。起病急，畏寒、高热、头痛、乏力、全身酸痛，持续 2～3 天后渐退，但鼻塞、流涕、咽痛、干咳等症状显著。少数患者有便秘或腹泻等轻度胃肠道症状，患者面颊潮红，眼结膜轻度充血，咽充血，口腔黏膜有疱疹等。幼儿患病有嗜睡、惊厥等精神症状并常引发中耳炎。	主要通过空气飞沫传播，说话、咳嗽或打喷嚏使病毒散播在空气中，易感者吸入后感染。
水痘	病初 1～2 天有低热，以后出皮疹。皮疹先见于头皮、面部，渐延及躯干、四肢。最初皮疹是红色小点，一天左右变为水疱，3～4 天后水疱干缩，结成痂皮。干痂脱落后，皮肤不留疤痕。发疹期间患者多有发热、精神不安、食欲不振等症状。在得病的一周之内，由于新的皮疹陆续出现，而陈旧的皮疹已经结痂，在患儿皮肤上可同时见到红色小点、水疱、结痂的水疱。出皮疹期间皮肤瘙痒。	病初，主要经飞沫传播。另一种传播途径是接触传染，幼儿因接触了被水痘病毒污染的食具、玩具、被褥及毛巾等而感染。
麻疹	潜伏期约 10 天。潜伏期病毒随血流广泛播散，患儿出现发热、疲倦、食欲不振、打喷嚏、流鼻涕、流泪、畏光、眼睑浮肿等症状，皮肤出现红色斑丘疹，颊黏膜上有麻疹黏膜斑等。发疹期体温高达 40 摄氏度，全身中毒症状也很明显。恢复期时，血内病毒逐渐消失，体温下降，一切症状趋于缓解，整个病程 10～14 天。	病毒可通过空气传播，如患儿咳嗽或打喷嚏均可传播病毒。
传染性肝炎	初起症状不明显或无症状，一般在验血或体检时才被发现。急性肝炎主要表现为食欲减退、恶心、乏力、腹胀、肝脾肿大等，出现黄疸的肝炎称急性黄疸型肝炎。慢性肝炎多由急性肝炎转变而来，其中尤以慢性迁延性肝炎为多见，其症状轻微，主要表现为肝部疼痛、腹胀、食欲不佳、乏力，肝脏轻度肿大，脾脏多无肿大。	甲型肝炎病毒经粪—口途径传播，乙型肝炎多通过血液、分泌物（唾液、尿液）等传播。
流行性腮腺炎	一侧或两侧耳垂肿大，肿大的腮腺常呈半球形，以耳垂为中心，边缘不清。患儿有张口困难、发烧、食欲下降等症状。一般持续 7～10 天，常一侧肿大 2～3 天后，另一侧也出现肿大，并伴有疼痛和热感，在张口及咀嚼时疼痛加重，肿痛约一周后消退。腮腺肿大时，大部分患儿有 3～5 天的发热症状。	主要通过飞沫及接触传播。

续表

类型	发病表征	传染途径
猩红热	以发热为初发症状，之后出现皮疹，皮疹为鲜红色弥漫性鸡皮样红斑疹，自下而上连成片，疹间无正常皮肤。皮疹在肘窝、腋窝、腕等处密集如线，称“帕氏线”。患儿的舌头鲜红如杨梅，又称杨梅样舌。持续 2～3 天后患儿体温下降，皮疹渐退，疹退后无色素附着，但有脱皮。有时可并发心肌炎、肾炎、风湿热、中耳炎、肺炎等疾病。	患儿和带菌者的鼻咽部带菌的分泌物通过飞沫侵入易感者的呼吸道，被污染的玩具、毛巾、书籍等也可成为传染源。
手足口病	手足口病主要发生于 5 岁以下的儿童，潜伏期多为 2～10 天，平均 3～5 天。手足口病的疱疹主要出现于手、足和口腔黏膜，皮疹可呈斑疹性、斑丘疹性或水疱性，疱疹较小，可有少量疱液、痒感不明显、口腔黏膜疹常伴有口腔溃疡症状。患儿可有低热、流涕、咽痛、腹痛等全身症状，会因为咽痛而出现拒食的现象。	主要是经粪—口途径传播，其次为经呼吸道飞沫传播和密切接触传播等。

（四）传染病预防与控制的要求

传染性疾病对幼儿的损害往往具有不可逆转性，而且其传染性对其他幼儿也有着巨大的威胁。因此，幼儿传染性疾病管理工作不容有失。

1. 做好幼儿计划免疫工作，提高幼儿自身免疫力

虽然幼儿传染性疾病危害大，但是幼儿可以通过接种相关疫苗，获得相关传染性病毒的免疫力。因此，做好幼儿计划免疫工作是控制幼儿传染性疾病的关键。

应当定期对幼儿及其家长开展预防接种和传染病防治知识的健康教育，提高其防护能力和意识。传染病流行期间，加强对家长的宣传工作。给幼儿接种疫苗前必须了解幼儿的身体状况，接种后注意观察幼儿的身体反应，有异常情况时及时向医生报告。有禁忌症者不应接种或应暂缓接种。

2. 做好幼儿体检工作，及时隔离患有传染性疾病的幼儿

班级老师每日认真登记本班幼儿的出勤情况。对因病缺勤的幼儿，应当了解幼儿的患病情况和可能的患病原因，对疑似患传染病的幼儿，要及时报告给园内疫情报告人。园内疫情报告人接到报告后应当及时追查幼儿的患病情况和可能的病因，以做到对传染病人的早发现。

在传染病高发时期，教师要配合医务人员坚持每天对入园幼儿进行检查，登记检查情况，严禁传染病患儿入园，做到一天一汇报。教师还要在幼儿活动时，对其进行观察和询问，及时发现患病的幼儿，特别是对于抵抗力较弱的幼儿，要做到早隔离早治疗。发现疑似传染病例时，应当及时设立临时隔离室，对患儿采取有效的隔离控制措施。临时隔离室内环境、物品应当便于实施随时性消毒与终末消毒，控制传染病在园内暴发和续发。

3. 控制传染源，安抚家长和幼儿的情绪

发生传染病期间，应当加强晨午检和全日健康观察，并采取必要的预防措施，保护易感幼儿。若班级中发现了患传染性疾病的幼儿，教师要根据幼儿所患疾病特征，控制传染源，对其所接触物品进行消毒或销毁；对与患儿接触较多的幼儿也要及时送到医院进行排查；对发生传染病的班级按要求进行医学观察，医学观察期间该班与其他班相对隔离，该班幼儿不办理入园和转园手续。另外，教师还要及时准确地告知班级其他幼儿家长相关信息，做到不隐瞒、不夸张；安抚家长和幼儿的情绪，保证班级工作有条不紊地进行。

患传染病的幼儿隔离期满后，凭医疗卫生机构出具的痊愈证明方可返园。根据需要，来自疫区或有传染病接触史的幼儿，检疫期过后方可入园。

五、非传染性疾病管理

幼儿非传染性疾病的管理工作以预防和控制为主，核心在于增强幼儿自身免疫能力。幼儿非传染性疾病管理工作是一项复杂而艰巨的工程，它需要教师和保育员共同合作。教师应从以下五个方面做好幼儿非传染性疾病的管理工作。

(一) 加强幼儿身体锻炼，培养幼儿良好的生活卫生习惯

幼儿坚强的体质是抵御疾病侵袭的基础。教师应该多组织幼儿参与体育活动、体育游戏，如老鹰捉小鸡、丢手绢、丢沙包等寓教于乐的活动，这一方面可以满足幼儿游戏的需要，另一方面也能促使幼儿锻炼身体，增强体质。除此之外，教师和保育员还应注意培养幼儿良好的生活卫生习惯。众多幼儿常见疾病都与不好的生活习惯有关，特别是腹泻等消化系统的疾病。培养幼儿良好的生活卫生习惯要从小处着手，如饭前便后洗手、不吃掉到地上的食物等。教师还应请求家长帮助监督幼儿。

(二) 做好晨午检工作，定期进行常规体检，及时发现罹患疾病的幼儿

每日的晨检工作是对每日入园幼儿的初步检查，教师要配合医务人员做好幼儿的身体检查。一方面，教师要教育幼儿主动自觉地接受晨检，以使医务人员得出正确的检查结果；另一方面，由于医务人员是对全园幼儿进行晨检，可能出现部分幼儿漏查的情况。因此，教师还要做好班级幼儿的全日健康观察，如在幼儿活动时，对其进行观察和询问，及时发现患病的幼儿，特别是抵抗力较弱的幼儿。

午睡时间也是疾病的高发期，很多疾病未愈和体质较弱的幼儿非常容易在午睡时出现高热等情况，因此在午睡期间和起床后的午检中都要加强对幼儿的观察，以便于及时发现情况，避免贻误幼儿病情。

幼儿园还要定期开展幼儿眼、耳、口腔保健，发现视力异常、听力异常、龋齿等问题要进行登记管理，督促家长及时带患病幼儿到医疗卫生机构进行诊断及矫治。

（三）配合家长要求，做好患病幼儿的后续工作

对于在幼儿园患病的幼儿，教师要及时联系其家长，准确地向家长说明幼儿现在的身体状况，沟通处理办法，视幼儿患病严重程度决定是否送其前往医院治疗。对于家长送入园的病情较轻幼儿，教师要和家长沟通好服药情况，及时准确地帮助幼儿吞服药剂。对于因病落下学习活动的幼儿，教师要在其病愈后辅导其学习，或者向家长提供学习资料。

（四）做好特殊体质幼儿的登记与追踪管理

对患有贫血、营养不良、肥胖等营养性疾病的幼儿进行登记管理，对中重度贫血和营养不良幼儿进行专案管理，督促家长及时带患病幼儿进行治疗和复诊。

对患有先心病、哮喘、癫痫等疾病的幼儿，以及对有药物过敏史或食物过敏史的幼儿进行登记，加强日常健康观察和保育护理工作。

（五）重视幼儿心理行为保健

如今人们心理疾病的发病率越来越高，发病时间也越来越早，因此要重视幼儿的心理健康，经常开展幼儿心理卫生知识的宣传教育，发现存在心理行为问题的幼儿时要及时告知家长，让家长带幼儿到医疗机构进行诊疗。

任务三　幼儿园班级卫生保健管理的落实

一、认真制订并执行卫生保健制度

卫生保健制度是幼儿园卫生保健工作正常运转的保证，首先园方应根据国家相应政策法规要求制订好卫生保健制度，对所有保教人员进行培训，要求他们自觉执行卫生保健制度，这是做好班级卫生保健工作的保障。

幼儿园的卫生保健制度有以下几种：幼儿园健康检查制度；幼儿体格锻炼制度；预防接种制度；卫生消毒、隔离制度。

二、制订班级卫生保健工作计划并严格执行

应将卫生保健工作计划作为各班工作计划的一个组成部分，或者单独制订一个班

级卫生保健工作计划。以下为某幼儿园中班下学期卫生保健工作计划。

幼儿园中班下学期卫生保健工作计划

中班下学期的卫生保健工作目的是保障幼儿身体健康，预防疾病，促进幼儿全面发展。本学期卫生保健工作将严格按照上级文件要求，结合本园实际情况，明确工作目标，制订详细计划，确保幼儿在园的健康与安全。

一、定期消毒

1. 每周对教室、寝室、食堂等公共区域进行一次全面消毒，确保幼儿生活环境卫生。

2. 每天对幼儿的玩具、教具、桌椅等进行消毒，预防病菌传播。

3. 按照季节和疫情状况，定期对门把手、水龙头等幼儿高频接触区域进行消毒。

4. 做好消毒记录，内容包括消毒时间、消毒物品、消毒区域等，确保消毒工作到位。

二、健康检查

1. 定期为幼儿进行身高、体重、视力、听力等身体指标的检查，及时发现并处理问题。

2. 每学期邀请专业医生为幼儿进行全面健康检查，包括心肺功能、血色素、肝肾功能检查等。

3. 做好健康检查记录，对检查出的问题进行跟踪观察，确保幼儿身体健康。

三、疾病预防

1. 定期向幼儿普及卫生保健知识，提高幼儿自我保护意识。

2. 根据季节变化和传染病流行情况，提前采取预防措施，如接种疫苗、加强室内通风等。

3. 建立幼儿健康档案，对患有慢性疾病的幼儿进行重点观察和照顾。

4. 心理健康维护：关注幼儿的心理健康状况，及时发现并解决心理问题，促进幼儿健康成长。

四、营养膳食

1. 制订科学合理的幼儿膳食计划，确保幼儿营养均衡。

2. 每天为幼儿提供清洁、卫生、新鲜的饭菜，确保食品安全。

3. 为特殊体质的幼儿（如有过敏史或肥胖的幼儿）提供特殊饮食安排。

4. 定期对食堂工作人员进行卫生培训和体检，确保食品安全。

五、安全教育

1. 通过故事、游戏等形式向幼儿普及安全知识，提高幼儿自我保护能力。

2. 教会幼儿正确使用玩具、教具和电器设备，避免意外事故发生。

3. 加强对幼儿的安全教育，培养幼儿的安全意识，促使幼儿养成良好的安全习惯。

4. 定期对园内设施设备进行检查和维护，确保无安全隐患。

六、卫生环境

1. 保持教室、寝室等场所的清洁卫生，每天进行清扫和消毒。

2. 定期更换床单、被套、枕套等物品，保持幼儿生活环境整洁。

3. 做好垃圾分类处理工作，保持园内环境整洁。

4. 加强对保洁员的管理和培训工作，提高卫生清洁质量。

七、家长沟通

1. 通过家长会、家长学校等形式与家长进行沟通交流，增强家园合作。

2. 对需要特殊照顾的幼儿进行定期沟通和随访，确保幼儿健康成长。

3. 听取家长意见和建议，不断改进卫生保健工作。

4. 向家长宣传卫生保健知识，提高家长的健康意识。

八、反馈评估

1. 每学期对卫生保健工作进行总结和评估，发现问题及时改进。

2. 对各项卫生保健制度执行情况进行监督和反馈，确保制度落实到位。

3. 对卫生保健工作人员进行定期考核和评价，激励表现优秀者。

三、做好班级幼儿卫生保健的常规工作

班级是幼儿园的基层组织机构，班级保教人员和幼儿接触最多，做好幼儿卫生保健的常规工作，主要从以下几个方面入手：

1. 班级教师要配合幼儿园，对幼儿进行定期的健康检查，以了解幼儿的健康状况。检查的结果应记录在案，如发现幼儿有某些方面的疾病或缺陷，应及时通知家长。幼儿园还应和当地卫生部门联系，定时为幼儿接种疫苗，流行病肆虐时，班级要做好预防工作。

2. 各班可以准备一个保健箱，以便幼儿受到轻微的意外伤害时能及时得到处理。保健箱应放在固定的位置，并妥善保管。保健箱内要准备必要的器材和药品，并列明清单，贴于箱内，经常进行箱内物品的查漏补缺。

3. 保教人员要了解简单的急救知识和突发事件的处理程序，并严格执行。

四、加强体格锻炼，提高幼儿的健康水平

注意加强幼儿日常生活中的体格锻炼，如可进行户外游戏、散步、早操、早锻炼等。还可以利用日光、空气、水等自然因素开展体格锻炼，增强幼儿体质。

幼儿体格锻炼应遵循以下原则：(1) 持之以恒原则。持续的锻炼和练习可以帮助幼儿增强体质、减少疾病。幼儿正处于身体发育的关键时期，必须保证每天不少于 2 小时的户外活动时间。(2) 全面锻炼原则。为了促进幼儿身体全面、均衡发展，运动项目必须多样化，要使身体在力量、速度、灵敏度、耐力、柔韧和弹跳等方面都得到发展；(3) 循序渐进原则。体格锻炼的要求、内容、方法和运动负荷等都要根据个体的实际情况，由简到繁、由易到难进行，运动负荷应由小到大，逐步提高。(4) 关注个体的原

则。体格锻炼应结合幼儿年龄特点，注重个体差异，不同健康状况的幼儿的活动方式、时间、强度都应有所区别。

知识拓展

4-1　托儿所幼儿园卫生保健工作规范

4-2　幼儿园春季传染病预防小知识及保育保健小常识

4-3　幼儿园幼儿喂药制度

实战演练

1.【2021 下《保教知识与能力》·单选】在洗手时，幼儿东东突然叫了起来："洗手液溅进我眼睛里了！"这时老师首先应该做的是（　　）。

A. 用流动水冲洗眼睛　　B. 用干净的纸或软布擦眼睛

C. 找保健医生　　D. 拉开眼皮吹一吹

2.【2021 上《保教知识与能力》·单选】《幼儿园工作规程》规定，新生入园时，幼儿园要进行（　　）。

A. 幼儿知识与能力测评　　B. 幼儿智力测查

C. 幼儿家长测评　　D. 幼儿健康检查

3.【2017 下《保教知识与能力》·单选】皮疹呈向心性分布（即躯干多，面部、四肢较少，手掌、脚掌更少）的疾病是（　　）。

A. 麻疹　　B. 水痘

C. 手足口　　D. 猩红热

4.【2016 下《保教知识与能力》·单选】风疹病毒传播途径是（　　）。

A. 肢体接触　　B. 空气传播

C. 虫媒传播　　D. 食物传播

5.【简答】幼儿园常用的消毒方法有哪些？

6.【简答】如何进行传染病的预防和控制？

7.【简答】非传染性疾病管理有哪些要求？

项目四
知识拓展及实战演练答案

项目五

幼儿园班级安全管理

项目五
微课视频

学习目标

知识目标	了解幼儿园班级安全管理的含义及意义，掌握班级安全管理的要求及工作内容。
技能目标	掌握开展幼儿园班级安全管理工作的措施及方法，针对突发事件能够及时采取合适的应急处理办法。
素质目标	明确安全管理在幼儿园班级管理中的首要地位，牢固树立安全意识。

思维导图

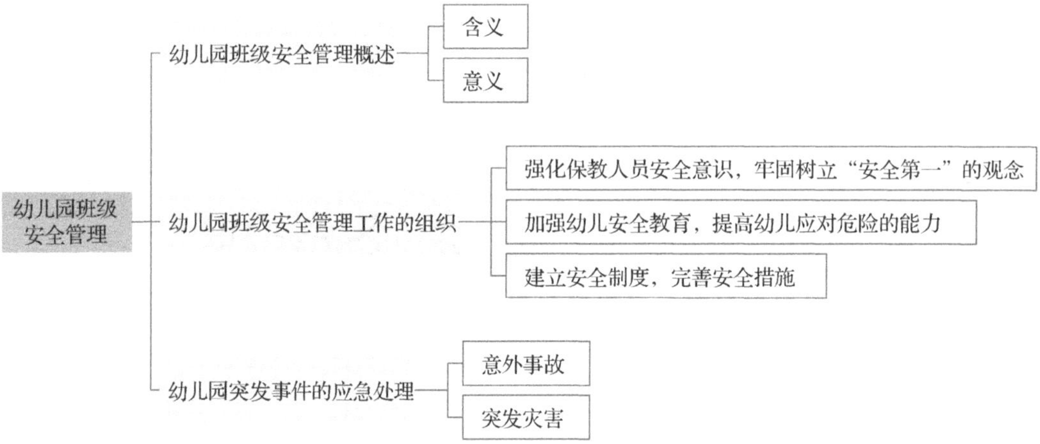

案例导入

被剪刀戳伤的毛毛

一天，大班的孩子正在进行餐前如厕和洗手，配班王老师在厕所照顾孩子，主班李老师则准备给带药的幼儿喂药。李老师为了方便关注幼儿，于是面朝幼儿坐在椅子上给孩子剪药，没想到毛毛突然跑了过来，李老师虽然尽力躲闪，但剪刀还是戳到了毛毛的眼角，顿时鲜血直流，毛毛哇哇大哭。事发之后，幼儿园立即将毛毛送医，同时联系了毛毛的家长。万幸的是，毛毛的眼球没有受伤，视力不会受损，但眼角却留下一条很大的疤痕，后续要经历多次的整容修复，于是毛毛的父母向幼儿园索赔。幼儿园和李老师共同承担了赔偿责任，李老师也因为发生了严重的安全事故选择主动离职。

任务一　幼儿园班级安全管理概述

幼儿园是幼儿集体活动的场所，幼儿的安全是幼儿园工作的重中之重。2017 年 4 月 25 日国务院办公厅发布的《国务院办公厅关于加强中小学幼儿园安全风险防控体系建设的意见》中指出："坚持以人为本、全面防控。将可能对学生身心健康和生命安全造成影响的各种不安全因素和风险隐患全面纳入防控范畴，科学预防、系统应对、不留死角。"由此可见，国家把中小学幼儿园的安全问题摆在了首位，安全管理对儿童的生命安全和身心健康意义重大。

一、幼儿园班级安全管理的含义

幼儿园班级安全管理是贯穿班级一日生活的重要工作，主要是指保障幼儿安全的各项管理工作，包括幼儿的身体安全和心理安全两方面。《规程》指出："幼儿园应当严格执行国家和地方幼儿园安全管理的相关规定，建立健全门卫、房屋、设备、消防、交通、食品、药物、幼儿接送交接、活动组织和幼儿就寝值守等安全防护和检查制度，建立安全责任制和应急预案。"班级的安全管理工作是幼儿园班级管理工作的重中之重，它不仅关系到班级各项工作的开展，更关系到幼儿身心的健康发展。

二、幼儿园班级安全管理的意义

《纲要》指出："幼儿园必须把保护幼儿的生命和促进幼儿的健康放在工作的首位。"幼儿园班级安全管理工作是班级中其他一切工作顺利开展的前提和保障，幼儿园必须把幼儿的安全放在第一位。

（一）班级安全管理是幼儿健康成长的前提

幼儿身心发展水平较低，诸多方面需要教师的提醒和保护。例如，幼儿的身体发育不健全，骨骼柔软，动作不够协调，易发生脱臼、骨折等。还有，幼儿的好奇心、探索欲望强烈，但是自我保护意识淡薄，自我保护能力较弱，需要教师努力将安全隐患降到最低。因此，教师要保证不让孩子离开自己的视线，多提醒幼儿不要追逐打闹。教师要密切关注幼儿，避免幼儿受到意外伤害，尽力保障幼儿的身心健康。只有做好班级安全管理工作，才能保证幼儿健康成长。

（二）班级安全管理是各项活动顺利开展的保障

保证幼儿安全是教师开展各项活动的前提。如果环境不安全，幼儿很容易受到伤害，导致他们无法参与到一日生活中，班级的正常运转也会受到不良影响。只有为幼儿创造安全的物质环境和心理环境，才能保证幼儿安全、愉悦地参与到班级的活动中。

（三）班级安全管理关系到班级保教质量

在班级安全管理中，教师需要做好一日生活中的安全教育，让幼儿掌握一些基本的安全常识，培养幼儿自我保护的意识和能力。教师要和家长密切配合，共同做好幼儿的安全教育和保护工作。由此才能保障幼儿正常参与到教育教学活动中，有效提升班级的保教质量。

任务二　幼儿园班级安全管理工作的组织

幼儿的安全和健康是进行其他各项活动的前提和基础，因此提升班级人员的安全意识、尽力排除安全隐患、建立安全管理制度，真正做好幼儿园班级安全管理工作刻不容缓。

一、强化保教人员安全意识，牢固树立“安全第一”的观念

安全意识先于安全行为而产生，在一定程度上支配着安全行为。保护幼儿安全是幼儿园保教工作的重中之重，幼儿园应把幼儿的安全问题置于首要地位，需要重视保教人员及幼儿的安全意识管理，强化其安全意识。

在幼儿园里，班级保教人员是幼儿的第一责任人，保教人员的安全意识是保证幼儿安全及幼儿安全教育的前提。保教人员应把幼儿安全问题置于首要地位，加强责任感，强化自身的安全意识。保教人员的安全意识管理可以从以下两个方面展开：

（一）明确分工，把日常工作做实做细

幼儿园应明确制订出教师工作要求的细则，教师应明确自己在上班时间的责任，明确分工，履行自己的职责。有数据表明，大部分幼儿安全事故的发生都是因为教师的疏忽。例如，幼儿午睡时，教师走出活动室接打电话，导致没能及时避免幼儿摔下床；幼儿户外活动时，教师聚集聊天，幼儿处于无人看管的状态，幼儿互相追逐摔倒导致受伤。教师要严格按照工作细则，履行自己的工作职责，切忌玩忽职守。

要把安全工作落实到工作的各个环节之中，如严格执行幼儿入园、离园制度，接送幼儿必须持卡；幼儿晨午检要及时到位等。还要利用在园的活动增强幼儿的安全意识，提升幼儿自我保护能力。注重家园合作，通过家长会、专题讲座、日常推文等方式，提升家长的安全意识，为全体教师、家长树立“安全第一”的思想。将幼儿园的

安全制度落实到本班幼儿的一日生活之中，在班级中形成人人有安全意识、人人开展安全教育、共促安全工作的良好局面。

（二）认真学习安全文件和制度，提升应对突发事件的能力

幼儿园要组织安全培训，通过学习法律法规、观看案例视频、分享上级有关安全管理的文件，明确出事故后教师需要承担的法律责任，提升教师的安全法律意识，做到警钟长鸣。2022年6月1日起，修订后的《中小学、幼儿园安全防范要求》（GB/T 29315—2022）（以下简称《要求》）正式实施。《要求》是认真贯彻落实习近平总书记关于进一步加强校园、社会少年儿童安全防护工作重要指示精神的具体实践，是贯彻落实党中央关于未成年人保护方面决策部署的重要举措。幼儿园全体教职员工也必须认真学习并贯彻落实《要求》的内容。

同时，幼儿园应组织教师参加安全演练，学习如何避险、自救、逃生，如何使用消防器材等。还可通过开展急救讲座，让教师学习如何处理突发的幼儿意外伤害事故，烫伤、摔伤、噎食等安全问题，掌握基本的急救方法，提升教师的技能，帮助教师树立高度的责任感，提高教师预判安全问题、预防安全事故的安全意识。

二、加强幼儿安全教育，提高幼儿应对危险的能力

幼儿好奇心强，喜欢探索，但是非分辨能力弱，容易受到意外事故的伤害。教师有责任培养幼儿的安全意识，可以在一日生活中渗透安全教育，也可以借助专门的教学活动进行引导。在日常生活中，可以对幼儿进行自我保护教育，使其掌握一些基本的生活技巧，并积累应对危险的技巧和方法。

根据《指南》在健康领域的“生活习惯与生活能力”中提出的要促使幼儿“具备基本的安全知识和自我保护能力”的发展目标，幼儿的安全教育可以从以下五个方面展开：

（一）帮助幼儿树立安全意识

教师应从幼儿自我保护能力较弱的特点出发，有意识地通过让幼儿看图画、读儿歌、做小实验、参与活动、互相讨论等形式，对幼儿全面进行安全教育，让幼儿了解、适应周围的环境，懂得周围各类危险因素的危害。

可利用幼儿爱听故事的心理，将幼儿在日常生活中可能会遇到的安全问题编成简短故事对幼儿进行教育，让幼儿从教师简单易懂的要求中理解安全的重要性。教师可利用幼儿喜欢被表扬、爱模仿的心理，抓住教育时机，进行正面引导，用榜样的力量教育、感染幼儿，使注意安全变成幼儿的自觉意识。

(二) 引导幼儿学习必要的安全常识

教师可以结合幼儿的生活实际，帮助他们了解一定的安全常识，包括：了解水、电、火、刀具、常用药品的使用等方面的安全知识和注意事项；获得应对意外事故，尤其是火灾、地震等的常识，懂得及时避开危险场所；知道常见的各种标记或特殊的电话号码，遇到突发事件会求助；丰富生活内容，学习在复杂的社会生活中保护自己。

(三) 教育幼儿遵守各种安全制度

教师要教育幼儿不能随便离开自己的班级，有事必须先告诉教师，得到允许后才能离开。教育幼儿在出入活动室和上下楼梯时不打闹、不拥挤；要遵守体育运动、游戏的各项规则，不做有危险的活动或游戏。还可向幼儿讲一些因缺乏安全意识而酿成灾祸的实例，以加强幼儿遵守安全制度的意识。

(四) 培养幼儿良好的行为习惯

《专业标准》要求教师在对待儿童的态度上要做到“保教结合，帮助幼儿养成良好的行为习惯”。幼儿的神经细胞反应时间短，容易形成条件反射，即容易养成习惯。教师应利用这一特点，多进行正确行为的强化练习，持之以恒，帮助幼儿养成良好的行为习惯，减少意外伤害事故的发生。同时，也要教育幼儿学会分享、学会合作等，以避免幼儿由于不合群、好攻击而造成的伤害事故。

(五) 激发幼儿参加体育活动的兴趣

3～6 岁幼儿身体发育不成熟，他们的平衡能力、灵活性都达不到自我保护的要求。为此，教师应注意激发幼儿参加体育活动的兴趣，给幼儿提供足够的时间和空间，合理地组织有一定强度和密度的体育活动，增强体质，以提高幼儿自我保护的能力。

《3—6 岁儿童学习与发展指南》节选

目标 3　具备基本的安全知识和自我保护能力

3～4 岁	4～5 岁	5～6 岁
1. 不吃陌生人给的东西，不跟陌生人走。 2. 在提醒下能注意安全，不做危险的事。 3. 在公共场所走失时，能向警察或有关人员说出自己和家长的名字、电话号码等简单信息。	1. 知道在公共场合不远离成人的视线单独活动。 2. 认识常见的安全标志，能遵守安全规则。 3. 运动时能主动躲避危险。 4. 知道简单的求助方式。	1. 未经大人允许不给陌生人开门。 2. 能自觉遵守基本的安全规则和交通规则。 3. 运动时能注意安全，不给他人造成危险。 4. 知道一些基本的防灾知识。

教育建议：

1. 创设安全的生活环境，提供必要的保护措施。如：

要把热水瓶、药品、火柴、刀具等物品放到幼儿够不到的地方；阳台或窗台要有安全保护措施；要使用安全的电源插座等。

在公共场所要注意照看好幼儿；幼儿乘车、乘电梯时要有成人陪伴；不把幼儿单独留在家里或汽车里等。

2. 结合生活实际对幼儿进行安全教育。如：

外出时，提醒幼儿要紧跟成人，不远离成人的视线，不跟陌生人走，不吃陌生人给的东西；不在河边和马路边玩耍；要遵守交通规则等。

帮助幼儿了解周围环境中不安全的事物，不做危险的事。如不动热水壶，不玩火柴或打火机，不摸电源插座，不攀爬窗户或阳台等。

帮助幼儿认识常见的安全标识，如：小心触电、小心有毒、禁止下河游泳、紧急出口等。

告诉幼儿不允许别人触摸自己的隐私部位。

3. 教给幼儿简单的自救和求救的方法。如：

记住自己家庭的住址、电话号码、父母的姓名和单位，一旦走失时知道向成人求助，并能提供必要信息。

遇到火灾或其他紧急情况时，知道要拨打110、120、119等求救电话。

可利用图书、音像等材料对幼儿进行逃生和求救方面的教育，并运用游戏方式模拟练习。

幼儿园应定期进行火灾、地震等自然灾害的逃生演习。

三、建立安全制度，完善安全措施

幼儿园要建立健全各项安全制度，并坚持严格执行，要明确规定各个岗位安全工作的内容及各环节要注意的问题。幼儿园要定期组织人员对全园环境、设备、房舍、场地、大型玩具，以及防火和防电设备等进行安全排查，应要求全体职工在工作中细心观察，发现问题及时报告，及时处理。幼儿园要落实各项安全措施，强化幼儿安全防范意识，杜绝安全隐患。

（一）环境设施要完整

要消除意外事故的隐患。幼儿活动场地要经常打扫，除去砖头瓦砾、碎玻璃，保持场地平坦及整洁。幼儿园班级内的家具、玩具等要牢固，没有尖角和裂缝，以免引起幼儿外伤。玩具的大小与轻重应适合幼儿，过小的玩具易造成异物入体，而过重的玩具则易造成砸伤，带子弹的玩具极易造成身体伤害，因而也不应选取。不要让幼儿玩塑料袋，以免无意中将塑料袋套在头上，使口、鼻被裹紧，发生意外。幼儿园的门上不宜加设弹簧，电灯开关要安全，不宜采用插头式开头，电插座应安装在幼儿接触不到的地方，也可在插座外加上保护盖或在不使用时在插孔上插上防触电盖。热水瓶也应放置在幼儿拿不到的地方，以免造成烫伤。火柴、刀、剪子等危险用品应妥善安放，避免幼儿直接接触。

(二) 要妥善保管药品、有毒物品

放药品的位置要固定，药品应放在幼儿拿不到的地方，并贴上标签。内服药、外用药宜分开放置，以防幼儿错拿或误服。药品用后要放回原处。给幼儿服药前要仔细核对姓名、药名、用量，要按时、准确地给患儿喂药，服药情况应有详细记录。对有药物过敏史的幼儿要进行记录，医务人员与班级保教人员应做到心中有数。有毒物品，如杀虫剂和消毒剂，除应贴上标签外，更需妥善保管。平时应上锁保存，使用时应有记录，用完的瓶罐统一回收处理，切不可随便丢弃，以免造成意外事故。

(三) 幼儿园要建立安全检查制度

幼儿园要设专人定期、不定期地检查园内的房屋、场地、家具、玩具、生活用品、器械等，以防患于未然。例如，幼儿的运动器械要随时检修，检查铁制的运动器械是否生锈，边角有无卷起、焊接处有无脱离、螺扣是否脱落等，以免幼儿运动时发生意外。幼儿园还应加强对门卫的严格管理，建立健全严格的家长接送制度。外出活动时及保教人员交接班时，都要清点幼儿人数，防止幼儿独自离开集体。保教人员要有高度的责任感，发现不安全情况时应随时报告或采取措施加以解决。

任务三　幼儿园突发事件的应急处理

突发事件是指在幼儿园班级管理中，在没有预知的情况下，由各种因素所导致的幼儿人身伤害等事件。其典型特征是事件发生带有很大的不可预知性、突发性、偶发性、随时性，若事件发生后不能及时进行应急处理，或处理事件不力，还会导致更严重的后果。幼儿园班级管理中常见的突发事件主要包括意外事故及突发灾害两类。其中意外事故包括摔伤、走失、异物进入人体、烫伤、动物致伤等，突发灾害包括火灾、地震等。

一、意外事故

(一) 摔伤

幼儿还处于生长发育的时期，他们在活动的过程中，由于自身的和外部的因素，极易导致摔跤，甚至摔伤。

1. 轻伤

如果仅是擦破皮，在伤口处涂一些碘伏即可；如果摔伤的地方起了包，则可用热毛巾敷患处；如果有鼻出血现象，要使幼儿保持安静，将头部或背部垫高，并在额头上放冷毛巾止血，也可将干净棉花塞入鼻孔止血。止血后，不要剧烈活动，以免再出血。

2. 骨折

幼儿发生骨折后，会出现一系列症状。因为断骨会刺伤周围组织的血管、神经，血管破裂后的出血又压迫周围的组织，所以剧烈的疼痛和局部的压痛是骨折典型的症状之一。同时，骨折处会丧失正常功能，如下肢骨折后会导致不能站立、行走，手指骨折后会导致手不能抓握等。骨折后原来附着的肌肉失去平衡，加上组织肿胀，局部还会出现畸形。幼儿的骨折还有其自身的特点。幼儿的骨骼中含有较多的有机物，骨膜又比较厚，具有很好的弹性和韧性，就像树上新发的枝条一样很容易折弯却不容易折断，形成“折而不断”的状态，医学上称之为“青枝骨折”。发生“青枝骨折”后，疼痛不如骨骼完全断裂时明显，受伤肢体还可以做些动作，因此很容易被忽略。骨骼未经复位长上以后，不仅肢体会出现畸形，还会影响正常的功能。因此，幼儿肢体受伤后，千万不能掉以轻心，一定要送至医院检查是否发生了骨折。

3. 头部受伤

如果头部有出血的伤口，应用干净的手帕压迫伤口止血；如果有脑组织溢出头皮外，说明已损伤颅骨，应按原样做简单包扎，尽快将幼儿送至医院抢救，千万不要把露出头皮外的脑组织送回伤口，这样会造成颅内感染，后果不堪设想。如果头部没有伤口，只因外力作用到脑部，脑组织受到震荡，使幼儿发生昏迷，此时切忌猛拍、猛推，应将幼儿放于床上休息，观察情况的变化并及时将幼儿送到医院治疗。

但有一种情况需要特别注意，如果不幸摔伤头部，耳朵、眼睛或鼻子出血、流黄水，这种情况属于颅底骨折，千万不能止血，强行止血有可能会造成颅内压增高而引起很危险的脑疝，还有可能造成逆行感染，严重时会危及生命。

（二）走失

幼儿因缺乏自我保护的意识，又没有解决问题的能力，在一定情况下可能会走失，这具有危险性。

应针对幼儿容易走失的各种可能，事先做好预防工作。例如，教师应了解幼儿的想法；要教幼儿学会说自己的名字、幼儿园的名称，父母的姓名、工作单位，以及家庭住址和必要的电话号码，但也要提醒幼儿不要逢人就说，只能告诉穿制服的警察叔叔，以防别有用心之人利用信息拐骗儿童，类似案例已不鲜见；幼儿园要加强门卫管理，建立家长接送孩子的制度。如果发生幼儿丢失的情况，班上的教师一定要保持镇静，千万不要惊慌失措，要分析丢失的原因，确定寻找方向，并立即寻找。如果在幼儿园找不到，应马上报告，必要的时候要与家长和附近的派出所联系，尽快把幼儿找到。找到幼儿后要及时寻找原因，吸取教训，对幼儿进行正面教育，切勿训斥幼儿，防止由此带来的负面影响。

（三）异物进入人体

在日常生活中，幼儿比较容易将一些细小的物品塞进自己的口、鼻、耳等器官中，如若未被及时发现，会导致安全事故。

1. 气管异物

当人们在吞咽食物的时候，会厌软骨会盖住气管口，以免食物误入气管。但幼儿会厌软骨的工作不如成人的机敏。因此当幼儿吃东西时突然大哭、大笑，会厌软骨来不及盖住气管，会使食物呛入气管，形成气管异物。异物以圆滑的食物最为多见。幼儿气管发育不完善，驱赶力较弱，很难将气管异物“赶走”，造成异物在气管内停留。当异物将气管完全堵住时，幼儿会出现呼吸困难，面色青紫。较小的异物还将继续下滑，常常滑入右侧支气管，导致右侧肺不能工作，此时幼儿会出现呼吸困难。

一旦异物进入气管，要立即使用“海姆立克急救法”进行急救。具体方法是救护者站在患儿背后，搂住他的腰，迅速用右手大拇指的背部顶住上腹部，左手重叠于右手之上，间断地向上后方用力推压，使横膈肌压缩肺，产生冲击气流，将气管异物冲出。若患儿已昏迷，则可让其俯卧，进行同样的推压。采取上述方法后若仍不能排出气管异物，应立即将幼儿送医院急救。

为了防止气管异物事故的发生，要让幼儿养成良好的习惯。告诉幼儿不要躺在床上吃东西。进餐时应养成良好的就餐习惯，不嬉戏、不打闹。幼儿在哭闹时，不要用吃东西的方式来哄他。

2. 消化道异物

幼儿有时会误吞骨头、纽扣等异物，这些异物有时会卡在食道里，有时还会沿着食道进入胃里。异物若卡在食道，患儿的食道部位会有明显的疼痛，在吞咽时，疼痛更明显，致使进食困难。如果异物在食道停留时间过长，还会引起局部及附近部位发炎，严重的会导致食道壁穿孔。一旦发现食道异物，应立即送患儿到医院医治。

3. 眼部异物

当沙子、煤屑、小飞虫等异物进入眼内后，会引起灼痛、流泪、畏光。若异物附于眼球表面，可用干净的棉签轻轻地擦去；若异物嵌入睑结膜内，则需翻开眼皮再擦去。上述两种情况下，也可用滴管吸水冲洗眼睛。若异物嵌入角膜组织内，或上述方法对角膜表面的异物无济于事，则应迅速将幼儿送医院处理。因为大多数角膜异物需要使用良好的聚集照明和放大镜才能看清楚，且需在严密无菌的条件下除去异物。若处理不当，可能损伤角膜，引起感染，进而影响视力。

4. 鼻腔异物

幼儿出于好奇，有时会将纸团、小珠子、豆粒等塞入鼻孔，形成鼻腔异物。若疏于医治，可引起长时间鼻塞，鼻涕带血丝。一旦发现幼儿将异物塞进一侧鼻孔，千万不要试图自己用镊子将异物夹出。正确的做法是让幼儿将无异物的鼻孔按住，然后用力擤鼻涕，使异物排出；还可用羽毛、纸等刺激幼儿的鼻黏膜，引起幼儿的喷嚏反射，从而将异物排出。如果上述方法排不出异物，则应送幼儿到医院处理。

5. 外耳道异物

幼儿如将豆粒、小珠子等塞入耳中，或有小昆虫钻入耳中时，会造成外耳道异物。幼儿会感到耳鸣，耳内有东西，听力往往也会下降。若是苍蝇、蚂蚁等小昆虫在外耳道爬来爬去，会使幼儿感到疼痛，这类异物较易被发现。此时可用灯光对着外耳道口，利用昆虫的趋光性，引诱它爬出来；也可将半茶匙稍加热后的食油、甘油、酒精倒人耳内，再让患儿将有异物的耳朵侧向上，保持5～10分钟，然后将这只耳朵侧向下，被淹死的昆虫可随液体一起流出。对于其他外耳道异物，最好将幼儿送至医院处理。因为在没有良好的照明条件、专门的工具和技术不熟练的情况下操作，易损伤幼儿的外耳道皮肤，也可能会将异物推入深处，损坏鼓膜，还有可能将异物推向中耳，造成更严重的后果。

（四）烫伤

幼儿皮肤角质层薄，保护能力差，因此更容易发生烫伤，烫伤的后果也比成人严重。烫伤主要是接触开水、热粥、蒸汽等造成的。

幼儿一旦有烫伤发生，首先，要用流动的冷水冲洗烫伤部位，然后除去被高温液体浸透的衣物。然后，要清洁创面，即用生理盐水冲洗创面，再用75%的酒精轻轻涂擦。处理完后，对于一度烫伤，可在局部涂些烫伤膏，一般3～5天内可好转。对于二度、三度烫伤，应首先用清洁的纱布等覆盖创面，不要弄破水泡，也不要在创面上涂抹任何治疗烫伤的药品，避免加重感染和损伤，之后应迅速将幼儿送往医院处理。

（五）动物致伤

昆虫、猫、狗等对幼儿造成伤害的情况在生活中是经常发生的。由于幼儿居住地的不同，发生动物致伤的情况也有所不同。

1. 蚊子叮伤

夏季蚊子较多，因而幼儿常常会被蚊子叮伤。蚊子叮后皮肤可出现微肿、发红、发痒等症状，有时叮咬处过痒，会使幼儿变得不安，难以入眠。为了解痒，患儿只好抓挠叮咬处，常常造成此处皮肤破损，进而造成感染，导致皮肤化脓。为了减轻发痒，应在被叮处涂上花露水、酒精等。为了防止蚊子叮咬，夏季一定要采取防蚊措施，如在幼儿身体裸露处涂上驱蚊水等。

2. 猫、狗咬伤

幼儿天生喜欢小动物，爱与小动物一起玩耍，但即使是最温顺的猫、狗也有恼怒的时候，此时难免会出现一些意外。幼儿一旦被猫、狗咬伤，教师一定要紧急处理伤口，不仅要止血、止痛，最重要的是避免幼儿感染狂犬病毒。凡是被猫、狗咬伤，千万不要急着到医院找医生诊治，而是应该立即、就地、彻底地清洗伤口。冲洗伤口一是要快，分秒必争。因为时间一长，病毒就有可能进入人体组织，侵犯中枢神经，致人死亡。二是要彻底。要用力挤压伤口周围的软组织，而且冲洗的水量要大、水流要急，最好是对着自来水龙头冲洗。三是伤口不可包扎。除个别伤口大，需要止血的情况外，伤口一般不涂抹任何药物，也不需要包扎，因为狂犬病毒是厌氧的，在缺乏氧气的情况下，狂犬病毒会大量生长。正确处理伤口后，应尽快把幼儿送至医院，及时注射狂犬疫苗，这样能行之有效地预防发病。应本着“早注射比迟注射好，迟注射比不注射好”的原则使用狂犬疫苗。

3. 黄蜂、蜜蜂蜇伤

幼儿在蜂窝附近或花丛中玩耍时，可能会遭蜂蜇。蜂蜇后毒物进入幼儿体内，会引起被蜇处表面皮肤红肿，并伴有剧烈疼痛，而后奇痒无比，以后症状慢慢消失。遭蜂蜇后，首先要取出昆虫的毒刺，然后在被蜇伤处涂些液体，以达到减轻疼痛和消除水肿的目的。黄蜂毒液呈碱性，可在伤口处涂弱酸性液体，如食醋等；蜜蜂的毒液呈酸性，可在伤口处涂弱碱性液体，如淡碱水、肥皂水等。

二、突发灾害

（一）火灾应急处理

1. 火灾发生后不要惊慌，如果现场有幼儿，要先疏散幼儿，并立即呼叫周围人员，组织人力进行扑救。

2. 若火情过大，无法及时扑灭，必须立即拨打 119 报警，在报警电话中，要说明以下情况：起火单位、起火位置、着火物、火势大小、火场内有无化学物品及化学物品类型、着火部位、报警人姓名及所用电话等，并派人员在醒目处等候接车。

3. 报警的同时要开启消防电源，打开应急照明设施和安全疏散标志。在消防人员到达前，由灭火行动组尽力控制火势蔓延，注意不得组织幼儿灭火。

4. 若火场内有人员，则应用灭火器具减弱火势对人员的威胁，全力疏散、抢救人员，帮助其脱险逃生。

5. 灭火行动组应分秒必争，迅速行动，找准着火点，果断扑救，抓住时机，不等不靠，为继续开展全面深入的扑救工作打下良好基础。

6. 无关人员要远离火场，保持道路畅通，便于消防车辆驶入。

7. 扑救固体物品火灾，可使用灭火器；扑救液体物品火灾，可使用灭火器、沙土、湿的棉被等，不可用水。

8. 积极配合公安、消防部门调查火灾，协助处理火灾现场相关事宜。

(二) 地震应急处理

地震时如果幼儿在教室内，要指导幼儿听从教师指挥，及时组织幼儿有序疏散。如果发生地震时幼儿在室外，保教人员要立即组织幼儿全部蹲下，并注意避开电线、大树等危险物。发生地震时的具体处理措施如下：

1. 如果幼儿在室内，不要试图跑出楼外。最安全、有效的方法是立即组织幼儿躲到两个承重墙之间最小的房间，如盥洗室、卫生间等；也可以躲在桌子、柜子等的下面或教室内侧的墙角边，并且要注意保护好头部。趴下时，头要靠墙，将鼻子上方双眼之间的凹部枕在横着的双臂上面，闭上眼和嘴，用鼻子呼吸。千万不要躲避在窗户下面。待地震减轻后，立即按疏散路线将全部幼儿疏散到一楼操场。

2. 地震时如果幼儿正在室外活动，教师要马上将幼儿集中到操场中间的空旷场地上蹲下，注意避开高大物体或建筑物，要将幼儿疏散至安全的地方。

3. 如果地震发生后保教人员及幼儿因不能迅速撤离而困于室内，或被建筑物挤压等，千万不要惊慌。保教人员要就近检查幼儿的身体状况，并尽量为幼儿找到食物和水，同时不能盲目采取措施，要懂得发送报险信号，等待救援。

4. 保教人员要时刻与幼儿在一起，消除幼儿的恐惧心理。

5. 做好地震后房舍安全检查及加固维修、环境物品消毒工作等。

知识拓展

5－1　幼儿园秋季开学安全工作方案

5－2　幼儿园事故处理、理赔流程

实战演练

1.【2022 上《保教知识与能力》·单选】根据《托儿所幼儿园卫生保健工作规范》规定，3～6 岁儿童平均每年健康检查的次数是（　　）。

A. 1 次　　B. 2 次　　C. 3 次　　D. 4 次

2.【单选】2016 年版《幼儿园工作规程》指出：“幼儿园教职工必须具有安全意识，掌握基本急救常识和防范、避险、逃生、自救的基本方法，在紧急情况下应当优先保护幼儿的人身安全。”这体现了幼儿园工作应以（　　）为首。

A. 保护幼儿生命安全　　B. 尊重幼儿

C. 热爱幼儿　　D. 教育幼儿

3.【单选】教师组织幼儿玩户外大型玩具时，未注意到一名幼儿远离群体玩耍而导致该幼儿发生了意外事故。造成该事故的原因是（　　）。

A. 幼儿缺乏生活经验，安全观念淡

B. 幼儿运动系统发育不完善，平衡力差

C. 保教人员安全意识不强，安全措施不落实

D. 托幼机构的客观环境因素

4.【判断】当沙子、飞虫迷眼时，嘱咐幼儿用力挤眼、揉眼。

5.【填空】幼儿园应把____________教育融入一日生活，并定期组织开展多种形式的安全教育和事故预防____________。

6.【简答】简述教师在户外体育活动中如何保障幼儿的安全。

7.【简答】某幼儿不小心将面条吸入气管，马上出现剧烈咳嗽、气急、憋气等症状。请简述现场急救措施。

8.【论述】举例说明怎样对幼儿进行安全教育。

项目五
知识拓展及实战演练答案

项目六

各年龄班幼儿的班级管理

项目六
微课视频

学习目标

知识目标	了解不同年龄幼儿的身心发展特点以及小、中、大班的管理重点。
技能目标	能够使用恰当的方法做好小、中、大、混龄班幼儿的管理。
素质目标	理解并认同班级管理对幼儿发展的重要意义，并全身心投入班级管理中。

思维导图

- 各年龄班幼儿的班级管理
  - 小班班级管理
    - 小班幼儿的身心发展特点
    - 小班幼儿的管理重点
  - 中班班级管理
    - 中班幼儿的身心发展特点
    - 中班幼儿的管理重点
  - 大班班级管理
    - 大班幼儿的身心发展特点
    - 大班幼儿的管理重点
  - 混龄班班级管理
    - 混龄班班级管理概述
    - 混龄班幼儿的管理策略

案例导入

把“小鲨鱼”还给我

小三班的然然，每天上幼儿园时都会从家里把他最心爱的“小鲨鱼”带来，从不离手。其实，“小鲨鱼”就是一个毛绒玩具，是然然出生时就有的安抚物，然然最喜欢了。一天上午，丁老师发现然然上课不专心，抱着“小鲨鱼”一直摆弄，便收走了玩具，然然立刻开始哭闹，要求丁老师将“小鲨鱼”还给她。丁老师不予理会，而是明确告诉他：“你表现不好，老师把你的‘小鲨鱼’收走了，放学了才会还给你，而且以后也不许再带过来了。”然然听完委屈地瘪着小嘴。午休时，然然一直不睡觉，哭着闹着要找妈妈，要找“小鲨鱼”，丁老师生气地说：“如果你再继续哭闹，我就把‘小鲨鱼’没收了，不还给你了。”然然哭得更大声了。小班幼儿处于从家庭向幼儿园过渡的阶段，容易产生入园焦虑，为了缓解幼儿的不安情绪，可以允许幼儿带一件最喜欢的物品到幼儿园，以此来陪伴他们的学习和生活，帮助他们尽快对新环境产生信任感。而丁老师没收了然然的“小鲨鱼”，让然然感到不安，情绪反而更加激烈了。

任务一　小班班级管理

小班幼儿一般是3～4周岁的幼儿。经过三年的成长，3岁的幼儿已不再是个“小婴儿”，他们度过了人生中相对危险的婴儿期和学步期，已经能够行走自如，进行初步的言语交际，并且能进行一些简单的游戏活动，他们渴望探索周围世界的一切可能性，以及自己身心发展的可能性，为进入小班奠定了身心发展的基础。

一、小班幼儿的身心发展特点

（一）小班幼儿生理发展特点

3～4岁幼儿的身体比以前结实了，身体结构和器官功能也日渐完善，精力越来越充沛，神经系统的发展使他们可以连续活动5～6个小时，而日间仅需要一次睡眠。由于骨骼肌肉系统的发育，小班幼儿大脑控制调节的能力增强，动作开始协调，逐步学会自然地、有节奏地行走，但还无法控制在一段时间内持续某一动作。小班幼儿手部小肌肉发展相对较迟缓，但双手协调技能有了较大发展，他们会折纸，会用蜡笔画画，能使用剪刀有控制地沿线剪直条，动作逐步精细化。小班幼儿，尤其是新入园幼儿，因为受公共环境、个人情绪的影响，容易生病，成人应多组织户外运动以增强幼儿的体质。

（二）小班幼儿心理发展特点

1. 认知的发展

（1）注意的发展。无意注意在小班幼儿的思维中占据优势，有意注意正在逐步增加，凡是鲜明、生动、活泼、形象的事物都容易引起幼儿的注意。在这一年龄阶段，幼儿有意注意的水平很低，一般只能维持3～5分钟。

（2）思维的发展。小班幼儿的思维仍带有很大的直觉行动性，但他们已经开始借助事物的具体形象或表象来进行思考，即由直觉行动思维向具体形象思维发展。幼儿容易受到行动和外部环境的影响。他们在做事情时往往会先做后想，或者边做边想，不会思考好以后再做。

（3）爱模仿。3岁前的儿童已经会模仿，但因能力的限制导致模仿对象较少。3～4岁的幼儿由于动作和认识能力的提高而表现出更多的模仿现象，但他们主要模仿的是一些表面现象。模仿是小班幼儿的主要学习方式，幼儿常常不自觉地模仿父母和老师，他们往往通过模仿掌握别人的经验。因此，这一阶段一定要注意给幼儿提供良好的示范，以免幼儿养成不良的习惯。

2. 情感的发展

（1）情感因交往而发展。随着幼儿交往范围的扩大，大部分幼儿在幼儿园学会了与同伴或者陌生人接触，开始建立起同伴关系与师幼关系，产生了初步的同情心、羞愧感、虚荣心等情感。

（2）情感不稳定。小班幼儿的情感虽然比婴儿期有了较大的发展，但相对来说，还是很不稳定的，仍然有易变、易冲动、易“传染”和与具体对象连在一起的特点。小班幼儿情绪以无意性为主，易受环境支配，而不是受理智支配。

（3）对于成人依恋性强烈。在家中，幼儿以父母作为依恋对象。在幼儿园中，幼儿又将依恋目标转移到教师身上。所以我们常常会看到小班幼儿刚入园时所表现出的入园焦虑、分离焦虑以及入园后部分幼儿表现出过度依赖教师的现象。

3. 社会性的发展

（1）语言的发展。3～4 岁是幼儿语言表达能力飞速发展的时期，这一阶段幼儿掌握的词语以名词和动词为主，他们也能掌握一些日常生活中常用的形容词，如大、小、冷、热。他们的表达以简单句为主，但句子经常不完整，常出现没有主语的病句或词语颠倒的情况。

（2）自我意识的发展。在 2～3 岁，幼儿逐步有了自我意识。与此同时，幼儿产生与成人不合作的行为，如常以沉默、退缩、身体的抗拒来拒绝成人的要求，并常用“我自己来”拒绝成人的帮助。这种行为通常在 3～4 岁时达到高峰，心理学上称这一时期为“第一反抗期”。对处于此阶段的幼儿，成人可适时让他们进行自我服务，如让幼儿自己穿脱衣服，自己上床睡觉，自己洗手绢、系鞋带等。

（3）社会行为和技能的发展。幼儿在入园前的交往对象往往局限于家人，入园后，交往的重心由父母转移到同伴与教师身上。幼儿的社会交往行为是通过与同伴、教师的交往习得的。通过与同伴的交往，幼儿逐步掌握了一些简单的交往规则，在教师的指导下，幼儿会产生一些助人、分享、合作的行为，当然也会产生一些不良行为，如争抢、攻击性行为等。

二、小班幼儿的管理重点

3 岁的幼儿会跑会跳，已能自由行动，也能使用语言表达自己的意见、愿望、情感，并会与人交谈。他们无论从生理上还是心理上都具备了参加集体生活、进行各种活动的条件。幼儿从家庭进入到幼儿园，经历了教育生态环境的变迁，进入人生中的第一个专门教育机构，第一次接受正规的学前教育机构的教育。幼儿园有目的、有计划、主题多样的教育活动以及与之相匹配的丰富材料都能够很好地促进幼儿身心的发展。幼儿园平等的师幼关系、友爱的同伴关系能够让幼儿学会尊重同伴、与同伴分享、服从规则，帮助幼儿建立良好人际关系。幼儿入园是促进他们健康成长的重要途径。

但同时，从家庭环境来到集体的幼儿园环境对幼儿也充满了挑战。幼儿入园时面临着三重任务：第一，幼儿必须乐意来园，愿意和幼儿园里的人来往，并喜欢使用幼儿园的物质材料；第二，幼儿必须克服一些矛盾心情，即减少对父母或其他抚养者的依赖才能愉快地在幼儿园里生活，必须适应与亲人分离，学会自由行动，才能高高兴兴地探索全新的环境，在幼儿园得到新的满足；第三，幼儿要学会生活自理和自我服务。

基于此，小班幼儿的管理重点应放在入园适应和生活常规培养上。

(一) 做好入园适应

幼儿从家庭进入幼儿园，环境发生了巨大的改变。幼儿在毫无准备的情况下，被父母送进一个完全陌生、没有任何情感依托的空间，有些孩子会不习惯新环境，产生分离焦虑，出现不同程度的入园不适应症。为了让幼儿尽快适应幼儿园的集体生活，教师与家长应该团结一致、积极配合，共同做好幼儿的入园适应工作。

1. 入园前的准备

为了让小班幼儿及早地适应幼儿园的集体生活，应在幼儿入园之前开展入园适应工作，具体可以从以下几个方面展开：

(1) 入园前进行家访。在幼儿正式入园前，教师对幼儿进行家访是很重要的一环，通过家访教师可以了解幼儿及幼儿成长的家庭环境。同时还要向家长说明教育孩子不能用“再不乖就送你上幼儿园”“不听话幼儿园老师会把你关到小黑屋里去”之类的话吓唬幼儿，避免幼儿对幼儿园产生恐惧和紧张感。教师进行家访时，可以设计一个表格，对幼儿和家长的基本情况进行调查，方便对幼儿及家长做一个深入的了解。

(2) 召开家长会。家长把幼儿送到幼儿园这个新的环境中，也会有心理上的不适应。教师应该召开家长会，让家长了解幼儿园，对家长提出有关教养子女方面的具体要求。例如，培养孩子初步的生活自理能力及良好的习惯，给孩子安排与幼儿园相应的作息时间，给幼儿讲有关幼儿园的环境及有趣的事情，引发幼儿对入园的向往。这样不仅能缩短家庭与幼儿园之间在生活方面的距离，而且能使幼儿对幼儿园的生活有一定的间接经验，能够激发其入园的愿望。

(3) 参观幼儿园。教师可以请家长带领幼儿入园参观、玩耍，观察幼儿园的环境及一日生活，特别注意观察幼儿园小朋友如何自己吃饭、如厕、盥洗、午睡、游戏。这样幼儿不仅接触了幼儿园这个新环境，有了一定的感性经验，而且和蔼可亲的教师、优美的环境、丰富有趣的活动也会深深打动他们幼小的心灵，从而使幼儿对幼儿园产生向往之情。

2. 合理安排好幼儿入园之初的活动

在幼儿真正进入幼儿园之后，帮助幼儿尽快适应幼儿园生活，使幼儿真正感受到幼儿园生活的快乐，真正喜欢上幼儿园，是班级教师做好新生入园适应工作的重点。

(1) 初步建立师幼关系。教师要通过观察和交往，努力与新入园的幼儿建立友善关系。教师要用亲切的态度、温和的语言来打动幼儿的心，引起幼儿愉快的情绪反应，使幼儿把对家长的依恋转移到教师身上来。教师的关心和体贴会使幼儿心理上感到安全，情感上得到了满足，幼儿把教师当作陌生环境的保护者，从而减轻他们刚入园的“分离焦虑”。在幼儿入园之初，教师切忌凶、吼幼儿，以免加剧幼儿对入园的抗拒。

(2) 趣味活动分散幼儿注意力。教师应组织有趣的活动来吸引幼儿，分散幼儿“想妈妈，想家”的注意力。例如，用有趣的游戏活动、图书、新颖的玩具来吸引幼儿，善于利用部分哭闹轻的孩子来带动哭闹严重的孩子参加到游戏活动中。

(3)“以大带小”减轻焦虑。幼儿与幼儿之间是最容易相处与交流的，良好的同伴关系能使幼儿具有安全感和归属感，提高幼儿对新环境的适应能力，培养幼儿乐意与人交往、互助、合作和分享的品质。中大班的老师与小班老师可以一起组织“以大带小”的活动，让中大班幼儿陪新入园的幼儿玩游戏，给他们讲故事，教他们洗手、喝水、如厕，带领他们看看周围的环境，认识园内的老师。让新入园幼儿在哥哥姐姐的带领下熟悉并适应新的环境，体验到幼儿园生活的快乐，逐步消除初入园时的恐惧与陌生。

(二) 建立好生活常规

1. 小班生活常规管理的原则

保教人员在进行常规管理的时候，应深入分析幼儿的行为表现，循序渐进地指导幼儿，使他们逐渐建立良好的生活习惯。另外，指导幼儿时，要诚恳、和蔼、有耐心，不要威胁幼儿。

(1) 切合幼儿的能力。幼儿的能力和学习速度各有差异，在管理生活常规时，我们必须摒弃成年人的尺度，细心观察并试着去了解个别幼儿的能力及其实践的情况，适时适度地给予帮助。

(2) 拟定明确的工作步骤。这一点很重要，特别是对于培养幼儿生活自理能力，如洗手、如厕等，都须按幼儿的能力，将每项工作划分成若干明确而具体的步骤，循序渐进地给予指导和帮助。

(3) 给予充分时间和重复练习的机会。幼儿年纪小，生活技能的掌握需要经过不断反复练习，老师应该耐心指导，给予幼儿充分的时间让他们尝试和练习。对每项常规活动应作适当介绍，并付诸实践，让幼儿在不知不觉中，日复一日地反复练习。

(4) 给予赞赏和鼓励。当幼儿完成某一项目时，教师要及时地给他们赞赏和鼓励，以激发他们恒久实践的意志。

(5) 持之以恒。所有常规一经提出后，便必须认真履行，引导幼儿努力地去遵照执行，在长期的坚持中逐步养成常规。

2. 小班生活常规管理的方法

(1) 榜样示范法。该方法在前文已详细介绍，基于小班幼儿的特点，示范的榜样应以教师和同伴为主，让幼儿在看看做做中主动、自觉地学习。例如，在学习擦椅子的常规时，教师首先应逐步示范如何擦椅子，让幼儿掌握擦椅子的方法。然后请幼儿来练习擦椅子。还应鼓励幼儿相互学习，请能力比较强的幼儿做示范，其他幼儿模仿他的做法，这样既能增强幼儿的自信，又能培养幼儿互相帮助的精神。

(2) 儿歌引导法。儿歌短小精悍，且读起来朗朗上口、易记，可以经常使用儿歌来引起幼儿的兴趣。例如，在洗手时教师可教幼儿边洗边唱儿歌："搓搓搓，搓手心，搓搓搓，搓手背，换只手再搓搓，甩三下，一二三，关好水龙头，擦干手指头。"这样幼儿能在不知不觉之中根据儿歌的引导，有步骤地完成洗手的任务。

(3) 游戏法。幼儿喜欢在有趣的活动中接受教育，而游戏则是对幼儿进行常规教育的良好手段。因此，我们要充分利用教学游戏和创造性游戏对幼儿进行生活常规教育。例如，教师可以组织幼儿玩"找朋友"的游戏，让幼儿在各种图中找出自己喜欢的标记图做朋友，并将它们贴在书包柜、杯架和毛巾架上，使幼儿能够根据标记放置和找到自己的书包，学会使用自己的水杯和毛巾。

(4) 个别指导法。每个幼儿在生理和心理上都存在显著差异，教师要根据不同孩子的不同情况有针对性地进行教育。

任务二　中班班级管理

中班幼儿一般是 4～5 岁的幼儿，中班是幼儿身心发展的重要时期。中班是幼儿园三年中承上启下的一年，进入中班，标志着幼儿进入一个新的成长阶段。保教人员要认真分析中班幼儿身心发展特点，并以此为据开展适宜的班级管理，这将有助于幼儿的综合发展。

一、中班幼儿的身心发展特点

（一）中班幼儿生理发展特点

1. 机体组织的发育

中班幼儿进入一个相对平稳的增长阶段，生长速度明显减慢。4 岁幼儿身高一般为出生时的两倍，体重一般为出生时的五倍。中班幼儿的骨骼肌肉系统还处在不停发育过程中，骨骼富有弹性，可塑性大，肌肉的力量和耐力较差，易疲劳。大脑仍继续发育，大脑皮层的功能日趋完善。

2. 运动机能的发展

中班幼儿的身体更加结实，体力增强，运动速度、动作灵活性、动作准确度发展较好。中班幼儿的走、跑、跳、钻、爬、攀登等基本动作越来越自如，他们喜欢在游戏中练习单足站立、抛接球、投掷等动作，耐力也逐步增强，可以坚持徒步一定的距离。中班幼儿的精细动作进入快速发展阶段，可以熟练地完成使用筷子、穿脱衣服、扣纽扣、拉拉链、系鞋带等自我服务活动，也可以较好地完成折纸、穿珠、插接玩具、用剪刀剪曲线、画简单图案等精细动作。幼儿的动作质量明显提高，在灵活性和坚持性上特点突出。

（二）中班幼儿心理发展特点

1. 认知的发展

（1）注意的发展。4～5 岁儿童在集体中行为的有意性增加了，注意力集中了。集中精力从事某种活动的时间也较以前延长，小班集体活动时间一般为 15 分钟，中班为 25 分钟左右。他们能接受成人的指令，完成一些力所能及的任务。

（2）思维具体形象。整个幼儿期，幼儿的认知活动都是具体的。思维是认知活动的核心，思维活动的具体形象性在中班尤为突出，中班幼儿主要依靠事物的具体形象、表象及对表象的联想进行思维，他们常常按生活习惯进行思维，而不能按某一概念和规律进行概括和思考。具体形象性的特点还反映在中班幼儿的记忆、注意等认知活动中。幼儿的记忆和注意一般要结合具体的生活情景，幼儿易关注具体形象的物品。

（3）规则意识萌芽，是非观念较模糊。在集体生活中，中班幼儿规则意识开始萌芽，懂得要排队洗手、依次玩玩具等。与人相处时，他们表现得更有礼貌了，会主动说“谢谢”“对不起”等。此时儿童的是非观念仍很模糊，只知道受表扬的是好事，受指责的是坏事，喜欢受表扬，听到批评会不高兴或感到很难为情。

（4）具有丰富、生动的想象力。中班幼儿富于想象，难以分清想象和现实，他们常常会把看到的内容融入自己的想象，如当儿童站在阳台上往下看，成人提醒其要当心，他会说："没关系，我会飞。"他们还喜欢假装做什么，常和想象中的伙伴一起玩。他们有时会"撒谎"，但并不是真正意义上的撒谎，只是用想象代替真实。

2. 情感的发展

（1）健康情感的萌发。中班幼儿由于认知能力的提高和情绪体验的积累，积极健康的情感和初步的情感能力得到发展。

（2）学习控制自己的情绪。相比于小班幼儿，中班幼儿的情绪更加稳定，他们受情绪支配的行为的比例在逐渐下降，开始学着控制自己的情绪。在幼儿园与同伴发生争执时，他们有时也能控制自己的情绪和行为。当然，他们并非能调节好所有的事，对特别感兴趣的事和物仍然会受情绪支配，甚至还会出现情绪"失控"现象，遇到不顺心的事时仍会大发脾气，仍具有不稳定、不易控制等特点。

3. 社会性的发展

（1）活泼好动。随着身心的发展，儿童对周围的生活更熟悉了，活泼好动的特点在中班幼儿身上变得尤为突出。他们总是不停地看、听、摸、动，见到了新奇的东西，总爱伸手去拿、去摸，还会放在嘴里咬咬、尝尝，或者放在耳边听听，凑到鼻子前闻闻，他们会积极地运用感官去探索、了解新鲜事物。他们活泼好动，积极动用感官，还常常喜欢寻根刨底，不但要知道"是什么"，而且还要探究"为什么"。

（2）在活动中学会交往。中班幼儿喜欢和同伴一起玩，在活动中他们逐渐学会了交往，会与同伴共同分享快乐，还获得了领导同伴和服从同伴的经验。此时他们开始有了嫉妒心，能感受到强烈的愤怒与挫折。有时，他们还喜欢炫耀自己所拥有的东西。当然，在集体活动中他们也会了解和学会与人交往及合作的方式。

（3）能独立表述生活中的各种事物。中班幼儿的词汇量增长最快，他们已能清晰地谈话，喜欢与家人及同伴交谈。能够独立地讲故事或叙述日常生活中的各种事物，但有时讲话会断断续续，因为儿童还不能记清事物现象和行为动作之间的联系。他们还会根据不同对象的理解水平调整自己的语言，有时也能表述相当复杂的句子，如"我还没来得及把布娃娃放回去，明明就把它抢走了"。

二、中班幼儿的管理重点

中班幼儿已经具备一定的习惯基础，又处于幼儿园中"最难管理"的年龄段，中班幼儿身心发展的特殊性让班级也具有了正向和负向特征。正向特征包括中班幼儿的自我服务能力进一步增强、游戏蓬勃发展、任务意识和责任意识开始萌芽。负向特征则表现为中班幼儿的攻击性行为发生较多和中班幼儿喜欢告状。教师应正视和分析这些特征，采取相应的管理策略加以引导，将管理的重点放在培养中班幼儿良好习惯、建立中班良好的班风，使班集体积极健康地发展上。

（一）创设良好的教育环境，引导良好班风

良好的教育环境对幼儿的身心发展具有特别重要的意义，对班级引导工作有着巨大的作用。创设丰富优美的物质环境，给幼儿以美的享受，使幼儿在美的环境中陶冶情操、心情舒畅，更有效地接受教育。应合理安排幼儿的活动空间，注意安全性，使幼儿处于宽松自如、秩序井然的环境中，以减少攻击性行为的出现。班级的心理环境主要是指人际关系的氛围，包括教师与教师之间的关系，教师与幼儿之间的关系，幼儿同伴之间的关系等。积极健康、轻松愉快、尊重信任的人际关系会对幼儿的心理产生潜移默化、不可估量的影响。班级环境创设将在项目七中展开叙述。

（二）固定一日生活流程，强化幼儿的任务意识和秩序感

一日生活的流程及同步信号要基本固定下来，以便幼儿清楚地了解每个环节的大致时间、顺序和内容，使幼儿对后续活动有必要的心理准备和物质准备，这样整个活动会十分顺畅有序，在这个过程中幼儿也能慢慢学会自我管理。例如，可以跟幼儿一起制作一日活动流程图（幼儿画），通过这一过程幼儿能对生活各环节的顺序有清晰的了解，他们会随时根据图表（如课程表）相互提醒并调整活动行为，这样既能实现幼儿管理的自主性，又能减轻教师的管理负担。

（三）培养幼儿的亲社会行为，有效减少攻击性行为

亲社会行为是指对他人有利、有益的行为，它是一种积极良好的社会行为，包括合作分享、谦让、助人、抚慰等。可以通过以下几种方法培养中班幼儿的亲社会行为：

1. 榜样示范法。坚持正面教育法，应尽量运用正面榜样为幼儿树立正确的道德规范和行为准则，为幼儿提供正确的范例。榜样示范法在项目一中已经详细介绍过，借助榜样的事例给予认同评价，会为幼儿建立应该怎样做的示范，幼儿在日常生活中也会主动模仿练习。

2. 移情训练法。移情是指对他人在某一特殊情境中情绪情感体验的理解和分享，包括能识别他人的情绪、情感状态和能感受他人的情绪情感状态，也就是我们常说的站在他人的角度看问题。在实践中，教师可以通过讲故事、情景表演等形式，引导幼儿去理解和分享别人的情绪情感体验，使幼儿在实际生活中主动地、习惯性地去理解和分享类似的情绪情感体验，然后引导幼儿做出有利于他人的行为。教师还可以有意识地在日常生活中创设移情训练情境，引导幼儿作出积极的亲社会行为。

3. 角色扮演法。角色扮演法就是模仿现实生活中的某一情境，让幼儿扮演一定的社会角色，从他人的立场分析问题、处理问题、体验情感，了解别人的需求和感受，从而更好地掌握与角色相适应的社会行为规范和道德要求。

（四）矫正幼儿的说谎行为

中班幼儿的思维具有明显的自我中心特点，这一时期幼儿的说谎行为是为了达到某种目的的特定的复杂心理活动后的自主或非自主行为。比如幼儿怕大人责骂的时候，他会找借口而说谎，这是人之常情，但家长和教师的引导会决定孩子后续的表现。家长和教师可以通过以下几种方法进行引导：

1. 家长方面：(1) 父母要以身作则，避免不必要的谎话和借口，给幼儿创造民主、和谐的家庭氛围。(2) 父母对孩子的信任和理解是孩子诚实的前提条件，要让孩子知道即使他说谎，你还是爱他的，你能理解他的心情。(3) 如果孩子勇于承认自己的错误，请马上用比较特别的语言表扬他。(4) 不要用严厉的惩罚来威胁孩子，这个办法往往会让孩子说更多的谎言，变得更加狡猾，以便不被你发现。(5) 一旦孩子说了谎，要与孩子一起商量，下一次遇到类似情况，有哪些更好的办法能代替说谎。不要立即在他人面前指责或教训他，最好找一个合适的时间单独与孩子交流。(6) 平时多关心孩子的生活，对孩子的要求要切合实际，孩子做错事，要认真分析，鼓励孩子养成良好的习惯和行为。(7) 家长要了解孩子说谎的真正原因，大多数情况下孩子是因为害怕受到惩罚而说谎。

2. 教师方面：(1) 教师要以身作则，要根据幼儿的年龄特点，循序渐进地进行引导。(2) 坚持正面教育，可使用榜样激励法，借助故事、绘本展开教育，如《狼来了》《匹诺曹》等；还可以本班优秀幼儿为榜样，身教胜于言教。(3) 教师要尊重孩子，给孩子说实话的权利，对于说谎比较严重的幼儿，要进行单独沟通。(4) 教师要坚持耐心疏导，做孩子的知心朋友，当幼儿承认错误时要多鼓励，不要让孩子产生害怕老师的念头。(5) 遇到经常说谎的幼儿，要及时和家长进行沟通，并与家长一起制订改正计划，达到真正的家园共育。

任务三　大班班级管理

大班幼儿一般是 5～6 岁的幼儿。大班是幼儿在园的最后一年，作为幼儿园“毕业班”的幼儿，他们经过小班、中班两年的历练，无论是身体还是心理均表现出特有的“成熟”。

一、大班幼儿的身心发展特点

（一）大班幼儿生理发展特点

1. 机体组织的发育

大班幼儿已进入学龄前期，身体发育进度较婴幼儿时期减慢，发展稳定。身高每年增长4～7厘米，体重每年约增加2千克。大班幼儿骨骼富于弹性、可塑性大，受压易弯曲变形或骨折。此阶段进行书写练习时，特别要注意对幼儿书写姿势的指导和纠正。大班幼儿关节韧带较松，关节的臼窝较浅，要避免悬吊、牵拉，防止引起脱臼或损伤。大班幼儿脑重约1 250～1 300克，基本接近成人脑重（1 400克）的最低水平。大班幼儿脑的结构也已相对成熟，大脑各叶的分化到此阶段时也逐渐达到了成熟，大脑皮层的各区也接近成人水平。所以大班阶段的幼儿易兴奋，行为控制能力增强，睡眠时间也相对减少。大班幼儿乳牙钙化程度较低，牙齿易受损伤，加之处于换牙期，因此要注意营养及养成良好的口腔卫生习惯。教师可以通过教育活动为幼儿普及必要的换牙知识，引导幼儿换牙过程中不要害怕，不用舌头舔刚长出的新牙，不要咬铅笔、尺子、坚果等坚硬食物，保护好自己的牙齿，以免导致牙齿排列不整齐等。

2. 运动机能的发展

大班幼儿精力旺盛，爆发力强，对体育活动充满兴趣，基本上能做到连续行走20～30分钟而不感到疲劳，参加集体的徒步活动可以坚持到行走4千米左右。他们走路的速度基本与成人相同，平衡能力明显增强，可以用比较复杂的运动技巧进行活动，并且还能伴随音乐进行律动与舞蹈。大班幼儿的大肌肉动作如走、跑、跳、钻、爬、攀登、投掷、平衡等的动作技能、速度力度、灵活性和耐力都有了明显的进步。大班幼儿手部小肌肉动作更加灵巧，手眼协调能力增强，操作活动水平越来越高，孩子们越来越喜欢挑战具有复杂性、精致性的操作活动，如用剪刀剪复杂的图案、窗花，用橡皮泥捏出动物的五官、羽毛、花纹等，按照折纸图折出复杂的物品，用画笔进行复杂的线描造型，用铅笔书写数字、姓名等。他们喜爱游戏，游戏活动的水平也高了，他们会用各种器械，如轮胎、梯子、平衡木等组合场地，并且能加大动作难度共同挑战完成，游戏中竞赛的特点越来越明显。

（二）大班幼儿心理发展特点

1. 认知的发展

（1）抽象逻辑思维萌芽。大班幼儿的思维仍然是具体的，但是明显出现了抽象逻辑思维的萌芽。例如，给幼儿一些各种形状、颜色、大小的图形卡片让他们分类，他们能从多个角度来进行。他们已能掌握“左右”这样的抽象概念。

（2）规则意识逐步形成。大班幼儿开始学习控制自己的行为，遵守集体的一些共同规则。例如，游戏结束了要把玩具整理好放回原处，上课发言要举手等。大班后期的儿童特别喜欢有规则的游戏，像体育游戏、棋类游戏等。对在活动中违背规则的行为，儿童常常会“群起而攻之”。但这一时期规则对于大班幼儿来说还是外在的，他们对于规则的认识还没有达到自律，儿童在规则的实践方面还会表现出以自我为中心。

（3）爱学好问，有极强的求知欲望。好奇好问是这个年龄阶段幼儿的特点，小、中班幼儿的好奇多表现在事物的表面，而大班幼儿则喜欢问“为什么”。大班幼儿开始对自然现象的起源和机械运动的原理等产生兴趣，渴望得到科学的答案。

（4）注意力持续时间明显增长。大班幼儿喜欢学习新的知识，活动中注意力的保持时间基本能在30分钟以上。他们能长时间专注地探索物体的多种操作可能。

（5）创造欲望比较强烈。小肌肉运动技能的发展使得大班幼儿的双手更加灵巧，他们操作物体的能力大大加强，也越来越喜欢那些能满足想象和创造欲望的各种多变性的玩具。大班幼儿还对创编儿歌感兴趣，他们会为自己的画和手工作品等配上儿歌。在体育活动中，他们也常常会别出心裁，想出独特的玩法。

（6）阅读兴趣显著提高。大班幼儿不但阅读兴趣浓厚，能较长时间专心地看书，对内容的理解能力也较强，而且开始对文字产生兴趣，当他们在书中或广告招牌中看到自己认识的汉字时会非常兴奋，还常常会缠着成人教他们认字，识字的积极性很高，记忆力也很强。他们还常常在自己的绘画作品中写上歪歪扭扭的汉字。到了大班下学期，儿童会聚在一起边看图书边连猜带蒙地念书中的文字，阅读成了他们很大的乐趣。

2. 情感的发展

（1）情感更加稳定。大班幼儿的情感虽然仍会因外界事物的影响而发生变化，但情感的稳定性开始增强，大多数幼儿在班上有了相对稳定的好朋友。幼儿开始能够有意识地控制自己情感的外部表现。例如，摔痛了能忍着不哭。

（2）社会化情感开始发展。大班幼儿由社会需要而产生的情感也开始发展。例如，当自己的表现或作品被忽视时会感到不安，而当让他们照顾比自己小的幼儿时他们会表现得很尽责。

3. 社会性的发展

（1）合作意识逐渐增强。在相互交往中，大班幼儿开始有了合作意识。他们会选择自己喜欢的玩伴，也能与三五个小朋友一起开展合作性游戏。他们逐渐明白公平的原则和需要服从集体约定的意见，也能向其他伙伴介绍、解释游戏规则。例如，在小舞台表演游戏中，几个小朋友能一起分配角色、道具，能以语言、动作等予以表现，并达到一定的合作水平。大班幼儿喜欢尝试各种操作，并且乐意与别人分享自己的操作心得。

(2) 语言进一步发展，表现与表达方式多样化。大班幼儿的语言表达能力明显提高，词汇量达到了 3 000～4 000 个，他们不但能系统地叙述生活中的见闻，而且能生动、有感情地描述事物，会使用一些复合句。大班幼儿和人交谈时，能用较恰当的词，完整地复述较长的故事，并能看图编故事，围绕一个主题编故事。他们表现欲望强烈，语言表达灵活多样，并力求与别人不同。除口头表达外，大班幼儿还喜欢用绘画、歌舞、乐器等表达自我。

二、大班幼儿的管理重点

大班是幼儿在园的最后一年，也是幼儿从幼儿园进入小学的转折阶段。幼儿不仅要面临学习环境的变化，还要实现角色期望及行为规范的转换，幼儿的主要活动也将从游戏转向学习。作为大班的教师，要全面了解大班幼儿的年龄特点，正确认识幼儿园和小学两个教育阶段的差异，帮助幼儿完成从学前教育向小学教育的顺利过渡。因此，做好幼小衔接是大班的管理重点。首先，应保持大班幼儿的学习兴趣，帮助他们养成好的学习习惯；其次，应进一步培养大班幼儿的集体意识、任务意识与合作意识。

(一) 正确认识幼儿园和小学的主要差异

1. 生活环境的变化

幼儿园的活动室，一般布置得美观、形象、富有童趣，桌椅的摆放不是固定的，而是根据活动需要灵活摆放，即使是集体教学活动，也往往采用半开放式的摆放形式，活动室内还有类型多样、材料丰富的活动区角；除了丰富的物质环境，幼儿园还为幼儿创造了积极宽松的学习和活动气氛。小学教室里桌椅是秧田式排列的，座位总体上是固定的，教室里的环境陈列主要是教具，与学习无关的玩具很少能够出现在课堂上。相对来说，小学的学习环境较为简单、单调和严肃。

2. 活动形式的变化

《幼儿园保育教育质量评估指南》（以下简称《评估指南》）明确幼儿园要遵循幼儿身心发展规律和学前教育规律，尊重幼儿个体差异，坚持以游戏为基本活动，珍视生活和游戏的独特教育价值。不提前教授小学阶段的课程内容，不搞不切实际的特色课程。幼儿可以自由选择喜欢的玩具和同伴，每天集体教学活动不超过 1 小时，教学也往往采取游戏的方式进行。进入小学后，课间休息和游戏时间很短，每天上课时间增多，平均每天 4～6 节课，每节课 40 分钟。紧张的智力活动时间骤然增加，孩子神经系统负担加重，容易产生疲劳感。

3. 教学内容的差异导致社会要求的不同

幼儿园保教并重，着重全面发展。幼儿园的教育内容以常识掌握、习惯养成为主，而且以游戏为主要学习方式，灵活、自由、趣味性强。小学属于义务教育阶段，以教育为主要任务，不再承担学生的保育工作，各种知识技能的传授必须根据统一要求进行，要系统传授并达到一定质量要求，这就需要孩子具有一定的意志力。

4. 师生关系的变化

因为幼儿园承担着保育和教育两项任务，幼儿园教师不仅要带领幼儿开展活动，还要像父母一样地照料幼儿的生活，加上幼儿身心发展不成熟，教师还要参与到幼儿一日生活的各项活动之中，师生之间形成和谐、亲密、融洽的心理气氛。小学教师主要精力放在教学上，重视完成各科教学大纲，注意教学进度、作业批改和课堂纪律，对学生生活关心的机会较少。教师与学生的交往主要在课堂上，师生个别接触时间少，新入学的孩子可能会感到这种新的师生关系有些枯燥，并感到压抑和生疏。

5. 教学方法的变化

幼儿园的知识技能传授贯穿于幼儿的一日活动中，教学具有直观性、综合性、趣味性和多样性特点，是在玩中学，学中玩。而小学以书面语言为主，强调系统文化知识教育和读、写、算等基本技能训练，孩子需要勤奋刻苦才能完成学习任务。

（二）恰当选择幼小衔接的内容

人的一生一直处于连续不断的发展过程中，会经历不同的人生阶段，面临许多环境的变化，人必须具有适应能力才能顺利获得发展。幼儿园大班的幼儿就处于人生的第二个转折期。而由于幼儿园和小学的差异较大，幼儿的身心各方面都要发生一定的质变才能顺利度过转折，质变的核心体现在社会发展与抽象逻辑思维这两方面的心理品质上。所以幼小衔接的主要内容应围绕社会性适应和学习适应两个方面展开，当然还要注意其他学习适应问题。

1. 社会性适应

幼儿进入小学以后，面临的是以正规课堂学习为主导的活动，其任务密度、难度、数量都骤然上升，这就要求幼儿具有相应的任务意识、规则意识、独立意识、主动性，这些可以通过社会性适应教育获得。

2. 学习适应

儿童入学后，学习成为儿童的主要活动，学习是在教师指导下系统地掌握知识技能和行为规范的活动。儿童最主要的任务是读、写、算，这要求儿童有相应的运算能力和理解能力。

3. 其他学习适应

为了做好入学准备，还要注意其他的学习适应性教育，如通过引导幼儿看图，可以让幼儿学会看图画书，还能逐渐理解文字的作用，体会到书本里藏着许多有意思的事情，从而产生自己阅读的渴望，培养学习的主动性、积极性。另外，绘画、手工制作等活动可发展幼儿的肌肉动作技能、技巧，这也是为书写做准备。

（三）全面做好幼小衔接的引导

1. 培养正确的入学动机和良好的学习习惯

培养幼儿渴望学习、愿意上学的愿望和正确的入学动机是促进幼儿进入小学以后自觉、积极地完成学习任务的首要条件。因此大班末期教师可带领幼儿多了解小学的环境和活动等，可以通过实地参观的形式开展活动，也可以通过视频、故事和绘本等了解小学，让幼儿熟悉小学的环境，了解小学生是怎样学习、生活的。虽然入学前的孩子还没有进入系统的、正规的学习阶段，但他们的学习活动在幼儿园里已经开始，如涂色、分辨图形、看幼儿图书、听故事、学诗歌等。幼儿从事学习活动的态度、情绪持久性、注意力、克服困难的勇气等都是学习习惯的基本因素。随着小学阶段学习负担的加重，学习习惯显得更加重要，所以大班教师更要注重幼儿学习兴趣、学习热情、学习专注性和持久性的培养，使幼儿养成良好的学习习惯，为入学后进行正规系统的学习打好基础。

2. 培养集体意识、责任感和合作意识

进入大班后，幼儿集体意识有了较迅速的发展，但还需要进一步进行培养，可以通过开展多种形式的竞争性集体活动和建立班级集体规则来进行，这有利于幼儿入学后更好地适应小学班集体的生活。

到了幼儿晚期，责任感已经开始成为道德行为的有效动机。大班幼儿的责任行为具体表现为对人、对事、对物及对环境的行为。可以通过区域活动、大带小活动进一步提升大班幼儿的责任感。由于大班幼儿的责任意识有时还不是很稳定，因此，教师有必要帮助幼儿明确行动的目的、意义及规则，运用表扬、鼓励的方式来激发幼儿的责任感，肯定幼儿的责任行为。幼儿得到肯定后自信心增强，就更能出色地完成任务。这对于他们进入小学后完成学习任务非常有利。

合作行为是一种基本的社会技能，是一个人适应社会所必备的能力。到了大班，随着知识经验的丰富，幼儿身心不断成熟，幼儿之间开始有合作行为，主要表现在喜欢联合游戏，喜欢集体生活，渴望与同伴玩耍。教师可以通过教幼儿掌握合作的技能，学会处理合作中出现的问题以及开展合作性游戏来培养幼儿的合作意识，这有助于幼儿入学后的社会性适应。

3. 使教学方法、教学形式、生活制度和环境布置都逐渐向小学靠拢

幼儿园的教学主要采用游戏、范例、演示和谈话等直观方法，强调让幼儿动手操作、手脑并用。小学则是根据文字课本进行教学，教学方法主要以讲授法为主。在教学形式上，幼儿园的教学是贯穿于一日生活之中的，动静交替、寓教于乐；而小学教学的主要形式是上课，儿童需要坐在教室听课、自学、做作业。从教学要求上看，幼儿的学习是一种教育的手段，是入学前的准备性活动；而小学生的学习则是一种社会义务。为了避免孩子进入小学后发生“突变”，在大班下学期可以开始适当减少幼儿的游戏和户外活动时间，增加看图书、做手工等安静的活动，尽量减少游戏、演示等直观方法，多进行口头教学，促使幼儿思维由直观向抽象过渡。

在作息时间和学习时间方面，幼儿园和小学差别很大。小学一年级开始每周都有超过 20 节课，每节课 40 分钟，课间休息 10 分钟。而幼儿园大班每天一般只有两次集体教学活动，每节课 25～30 分钟，其他都是户外活动和游戏时间。从睡眠时间来看，幼儿一般每天睡眠时间有 11 小时，小学一年级学生只有 8.5～10 小时（一般不午睡）。这就是说，在同一年龄阶段，幼儿进入小学后，进行学习的心智活动时间急剧增加，而睡眠和游戏时间明显减少，造成初入小学的幼儿普遍认为上课时间过长，并且有眼睛酸、手酸和颈椎酸的感觉。为此，幼儿园大班的作息制度可适当更改，如可适当缩短午睡时间、延长上课时间（每节逐步延长至 35～40 分钟左右），每周逐渐增加上课或智力活动的次数。另外还可开展一些与小学学习有关的学习常规训练。例如，让大班幼儿背着书包上幼儿园，书包装上小学用的学习用具，教师要告诉幼儿这些学习用具的功能及使用方法，帮助幼儿整理书包，培养幼儿的生活自理能力。

4. 加强体育锻炼以适应高强度的学习和生活

小学开始对儿童进行系统的文化知识的教育，除了上课外，儿童还要完成一些家庭作业，小学教育大纲比幼儿园的教育大纲要求高得多。为了达到这些要求，儿童需要付出相应的体力劳动和脑力劳动。为此，大班幼儿必须加强体育锻炼，以达到一定的运动水平，并具有一定的对外界环境和外部刺激的适应能力，具有健壮的身体才能适应紧张的学习生活。

任务四　混龄班班级管理

一、混龄班班级管理概述

（一）混龄班的概念及由来

混龄班也称混合班，是指将不同年龄段的幼儿编排在一个班级里学习、生活、游戏的一种教育组织形式，它为幼儿提供了一个近似家庭的生活学习环境。混龄班的幼儿年龄差异超过1周岁（12个月），年龄大小不同的幼儿互相影响，幼儿的感知觉、记忆、注意、思维、想象力的发展水平比较高。混龄班幼儿在情感和社会性方面更具有爱心、更懂得与别人分享快乐。年龄稍大的幼儿有一种权威性，他们时刻要做低年龄段幼儿的榜样，自控能力较好。

幼儿园混龄班级的概念起源于班杜拉的社会交往理论和观察学习理论。班杜拉认为人类的学习大多发生在社会情境中，只有站在社会学习的角度才能真正理解发展。苏联心理学家、文化-历史发展理论的创始人维果斯基在“最近发展区”的理论中指出，学生的发展有两种水平：一种是学生现有的发展水平，另一种是学生潜在的发展水平。两者之间的差距就是最近发展区。实施混龄学前教育，让大小幼儿在一起，大孩子的发展水平就成了小孩子的最近发展区。蒙台梭利的幼儿教育理论认为教育具有双重目的，从生物学的角度讲，教育在于帮助个人自然地发展；从社会学的角度讲，教育的目的在于使个体对社会环境做好准备。教育的原则就是“自由”，教育者应当为儿童创造一种自然、自由的生活，尽量少干扰儿童。从以上几种理论我们可以看出：教育的本质在于在社会交往中获得真知。其中，对幼儿园混龄班级管理起重要影响作用的是蒙台梭利的幼儿教育理论，而当下采用混龄编班的也多为蒙氏教育机构。

混龄班的类型有两种，一种是双龄班，是指在一个班里有两个年龄段的幼儿，如小中班混合、大小班混合、中大班混合。另一种是三龄班，是指在一个班里有三个年龄段的幼儿，即小、中、大班混合。

（二）混龄班班级管理的特点

混龄班是幼儿园班级管理体系中一种特殊的编班方式，混龄班级的管理涉及的问题与同龄幼儿班级既有相同之处，也有不同之处，而且不同之处要多于相同之处。混龄班级的管理要充分考虑到不同年龄的幼儿在同一个班级给管理者带来的挑战。混龄班级的教师和保育员最好先经过专门的培训与学习后再上岗，学习或培训的内容应包含混龄班级的特点与意义、混龄班级管理的内容与方法等。否则，按照管理同龄班级的方法去管理混龄班级，那么就失去了混龄编班的意义，达不到混龄班级应有的教育目的，还可能在管理混龄班级过程中出现一些意想不到的问题，比如在活动过程中会出现大班幼儿欺负小班幼儿的行为等。

混龄班级与同龄班级的培养目标是一致的，其管理同样要遵循教育规律，所以两种管理方法不是截然相反的，而应该相互取长补短。在理念上，同龄班级与混龄班级的管理理念存在较大的差别。在同龄班级的管理模式中，对幼儿生活进行管理时说教多于示范。即使存在示范也是成人向幼儿示范，是以成人的思维方式来对幼儿进行说教与示范。而在混龄班级，小班幼儿向大班幼儿学习的机会增多。学前教育方面的专家和学者普遍认为幼儿向同伴学习的效果要好于向成人学习的效果。所以在混龄班级的教育方式是引导多于说教。混龄班级的自由活动时间多于同龄班级的自由活动时间。大多数情况下，老师的责任是“陪着玩”，在玩的过程中用适当的语言引导幼儿。这种管理方式体现了一种由专制的、整齐划一的教育模式向多元的、民主化教育模式的进步。

(三) 混龄班的优势与不足

1. 混龄班的优势

(1) 差异互补，各取所需。由于年龄不同的幼儿身心发展有着很大差异，对于空间、设备、材料等方面的要求各有不同，他们在一起就不会因玩具而发生争执。在游戏中，幼儿扮演角色的能力和需求也不同。在混龄交往中，幼儿之间可以取长补短，共同发展。

(2) 异龄互动，相互促进。混龄班扩大了幼儿的接触面，使他们学会了与不同年龄幼儿交往，班级即是社会的雏形。在混龄班，幼儿能参与较高层次的社会性及认知性游戏。不同年龄伙伴在一起，更容易出现模仿行为，每个人都可能成为别人的“教师”。幼儿喜欢模仿那些能力比自己强，年龄与地位比自己高的同伴。在混龄班中，形成了大带小、小促大的氛围。那些相互为师的幼儿，更善于互相帮助。他们还会调整和改进教学方法，乐于互教互学。混龄班幼儿的年龄有大有小，彼此间如兄弟姐妹一般。这种家庭式的组织方法可以为幼儿提供更多角色经验，促进其角色承担能力的发展。幼儿通过与不同年龄伙伴相互接触、共同生活与活动，学习与人交往的正确态度和技能，克服自我中心，培养良好的社会行为方式，为形成积极健康的个性奠定良好的基础。

(3) 因材施教，形式多样。混龄班幼儿的年龄不同，决定了教育活动必须个性化。

教师要观察了解每个幼儿的行为表现和个性特点，从而制订出更有针对性的教育计划和方案，因人而异，循序渐进地实施教育，使每个幼儿充分发挥自身潜力，在原有基础上得到积极发展。因此混龄班的教学、活动、游戏、生活等环节有多种组织形式，可按年龄分组，可按知识基础、智力水平分组，可按能力特长分组，可按兴趣需要分组等。或采用同一内容不同要求，或不同内容与活动形式交替在大小组间进行的教育方式。教师对各年龄组有不同的教学计划，小组有分有合。采用多种活动交替，手脑活动交替，动静活动交替等教学方法。混龄班改变了整齐划一的教育模式，有利于克服幼儿园的小学化倾向，有利于促进幼儿个别化及个性化的教育。

2. 混龄班的不足

（1）课程设计与实施较为复杂，对教师要求高。教师要掌握每个幼儿发展的水平，并能按照幼儿的发展水平将幼儿准确恰当地分成几个小组，还要能根据幼儿特点因材施教。有时要将幼儿按年龄或能力分组教授不同内容，有时则是教授同一内容但对不同年龄幼儿有不同要求。难度又大又烦琐，一般水平的教师都难以胜任。

（2）容易造成时间上的浪费，导致学习进度难以把控。有的教育活动在同龄班只需一个单位时间，而在混龄班的分组活动中，却需用几个单位时间才能完成。组织不好容易造成部分幼儿无所事事，加长等待时间。

（3）容易造成大龄幼儿争先表现。在混龄班，年龄较大的幼儿发展要比年龄小的幼儿更有优势，因此会出现争先现象，这会影响低龄幼儿的发展，使他们的自信心受到一定的影响。组织混班教学对教师提出了更高的要求。如果组织好了，则能发挥混龄班的优势，如稍有不慎，则可阻碍班内幼儿的身心发展。

二、混龄班幼儿的管理策略

（一）混龄班的幼儿构成比例要适当

混龄班级由多个年龄段的幼儿构成。在班级中各个年龄段的幼儿的比例要适当。一般认为，混龄班级中各个年龄段的幼儿的比例应该以活动能够顺利开展为宜。如果各个年龄段的幼儿的比例失调，那么某一个年龄段的幼儿可能被边缘化、被忽视，这样就会失去混龄班级应有的意义，给幼儿的正常成长带来影响。

（二）混龄班级的规模不宜过大

混龄班适合小班教学，否则会削弱混龄教育的教育效果。班容量过大会给幼儿教师带来过于沉重的工作负担，使得混龄班的教育效果大打折扣，不能达到培养幼儿良好的生活习惯、激发幼儿对科学的兴趣的教育目的。所以混龄教育的班容量应该控制在幼儿教师能够掌控的范围内，一般来说，按照《规程》的规定，班容量规模为25～30人比较合适。

（三）混龄班的班级管理方法

混龄班的幼儿身心发展水平差异较大，管理的难度也更大，对教师的要求也更高，需要教师灵活掌握小、中、大班的管理方法并能在同一个班运用，管理的重点就在于要根据混龄班幼儿的特点，发挥混龄教育的优势，做好分层管理，同时让幼儿相互为师。针对不同年龄幼儿的具体管理策略可以参考前面三个任务。

1. 合理安排一日生活的时间

要合理安排幼儿作息时间，促进幼儿健康发展。应尽可能考虑幼儿身心特点，一日生活安排要体现科学性、服务性和发展性，做到室内外相结合，动静交替。具体可参照项目三常规管理的内容。

2. 分层进行指导，差异化提供材料，促进原有水平的提高

不管是学习还是生活，教师在对幼儿进行指导之前，都要细心观察每个幼儿的能力水平。不同年龄组的幼儿存在差异，相同年龄组的幼儿也同样存在差异。教师要根据每个年龄段先分层提出目标，再具体到对每一个幼儿都要进行个性化的指导。为了做到有效的分层指导，在提供材料方面也要做到差异化，混龄班的材料提供要保证覆盖到本班所有的幼儿，不能让某个年龄段的幼儿无材料可操作。

3. 幼儿教育幼儿，发挥混龄优势

要善于利用混龄班“异龄互动，相互促进”的优势，在混龄班中建立起如同家庭式的成长环境，抓住幼儿喜欢模仿伙伴行为的这一特点，鼓励幼儿在日常生活中相互交往、相互促进。

4. 持之以恒，建立和培养幼儿良好常规

不管是混龄班还是同龄班，班级常规的建立和培养都是必不可少的。只是在混龄班常规的建立会更加复杂，需要根据不同年龄幼儿的身心特点提出不同的要求。在执行时也要差异化地对待，给予幼儿，尤其是低龄幼儿犯错、反复的机会。在以大带小的过程中要制订大龄幼儿、中龄幼儿与小龄幼儿各自的行为规范。行为规范要兼顾到大龄幼儿、中龄幼儿与小龄幼儿的共同点与不同点。但不管如何差异化，持之以恒才是建立和培养常规的核心。一旦常规建立起来，所有人都必须严格执行。

知识拓展

6-1　幼儿园新生入园调查表

6-2　幼儿园幼儿食物药物过敏登记表

6-3　幼儿园小班一周课表

6-4　幼儿园中班一周课表

6-5　幼儿园大班一周课表

实战演练

1.【单选】在良好的教育环境下，5～6 岁幼儿能集中注意（　　）。

A. 5 分钟　　B. 10 分钟　　C. 15 分钟　　D. 20 分钟

2.【单选】根据《3—6 岁儿童学习与发展指南》，下列不属于 5～6 岁儿童应具有的良好生活与卫生习惯的是（　　）。

A. 养成每天按时睡觉和起床的习惯

B. 经常性贪喝饮料

C. 吃东西时细嚼慢咽

D. 每天早晚主动刷牙，饭前便后主动洗手，方法正确

3.【单选】“能熟练使用筷子”，该典型表现所属于的年龄段是（　　）。

A. 2～3 岁　　B. 3～4 岁　　C. 4～5 岁　　D. 5～6 岁

4.【单选】教师要建立班级（　　），营造良好的班级氛围，让幼儿感到安全、舒适。

A. 常规要求　　B. 行为流程　　C. 日常守则　　D. 秩序规则

5.【论述】幼儿刚入园时容易出现哭闹现象，请针对这一情况分析原因，并提出解决策略。

6.【2016 下《保教知识与能力》·论述】论述如何做好幼小衔接工作。

7.【2022 上《保教知识与能力》·材料分析】李老师第一次带中班，她发现中班幼儿比小班幼儿更喜欢告状。教研活动时，大班教师告诉她说中班幼儿确实更喜欢告状，但到了大班，告状行为就会明显减少。

问题：

(1) 请分析中班幼儿喜欢告状的可能原因。

(2) 请分析大班幼儿告状行为减少的可能原因。

项目六
知识拓展及实战演练答案

项目七

幼儿园班级环境创设

项目七
微课视频

学习目标

知识目标	了解幼儿园班级环境的含义和作用。
技能目标	能够根据幼儿园班级环境的原则，采用适当的策略进行班级物质和心理环境创设。
素质目标	明确环境创设的重要性，将科学的教育观、教师观和儿童观融入环境创设之中。

思维导图

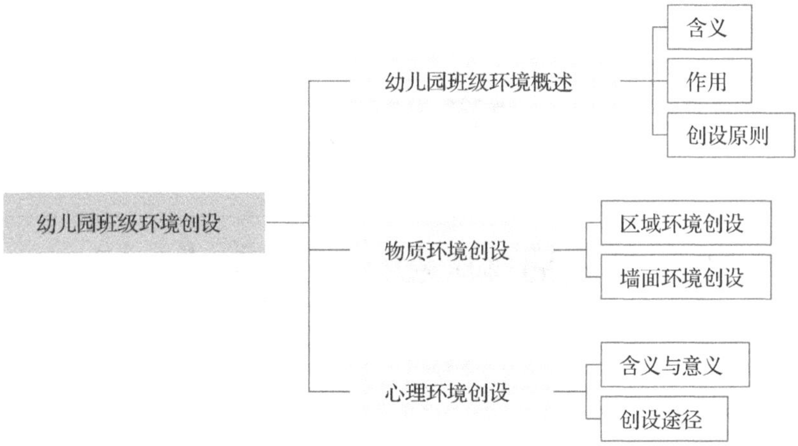

案例导入

快乐的建构活动

大班的小朋友们最近迷上了建构游戏，为了更好地促进孩子们全面发展，杨老师设计了搭建主题，为了配合主题教学又为孩子们添置了一批新的建构材料。今天的建构时间又到了，杨老师对孩子们说："今天我们的任务是搭建架空的东西。"小朋友们齐声说："好！"杨老师又说："那你们说一说想搭什么样的造型？"果果抢着说："老师，我觉得可以搭架空的城墙。"小曹接着说："老师，还有房子。"孩子们都争先恐后地说着。于是，杨老师提议："那我们大家一起把这些建筑搭建出来好吗？"孩子们兴奋地去建构区选择自己需要的材料。一开始，小曹选择了同样的积木来搭建房屋和屋顶。果果说："这个不像房子，我见过的房子是下面大、上面尖。"小曹立刻说："我还没搭好呢！"接下来，他通过几次调整，将房子的底部变大了，房子稳固了不少。杨老师夸赞小曹的坚持不懈。果果在尝试搭建城墙，不一会儿工夫就摆放到位，他骄傲地站在城墙边，邀请小朋友观看。杨老师发现孩子们都没有注意到城墙砖块交错的搭建方式，于是拿来一张城墙的照片，说："孩子们快来看，城墙的砖块是怎样摆放的呢？"

孩子们通过观察图片，一下子发现了砖块交错摆放的奥秘，很快做出修正，并搭建了架空城墙。建构游戏结束，杨老师和小朋友们一起将材料全部归位，然后请小朋友们坐在教室休息。然后杨老师在白板上播放小朋友们今天搭建的架空造型的照片，邀请小朋友上来分享"你搭的是什么，为什么要这样搭建"等内容，小朋友们看到自己的作品都特别兴奋，热火朝天地互相交流着……案例中，杨老师从物质和精神两个方面为幼儿的发展提供了支持。杨老师首先为孩子们设计了建构主题活动，并增加了相应的搭建材料；在搭建过程中，杨老师也没有过多地干涉幼儿，而是通过提问、提供图片线索等方式启发幼儿；活动结束后，杨老师还让幼儿进行分享，这有利于幼儿表达能力的发展，加强了幼儿间的同伴交往，同时还进一步加深了幼儿对于建构知识的理解。

任务一　幼儿园班级环境概述

在幼儿园中，环境扮演着十分重要的角色，幼儿既依赖于环境，同时也主动作用于环境。幼儿园班级是幼儿学习、生活与游戏的直接场所，班级环境的创设质量、幼儿与环境的相处方式将会直接影响幼儿的发展水平。

一、幼儿园班级环境的含义

幼儿园班级环境是指在幼儿园中，以班级为单位，对幼儿身心发展产生影响的物质与精神要素的总和，因此幼儿园班级环境包括班级物质环境和班级心理环境两方面。

《纲要》第三部分第八条指出："环境是重要的教育资源，应通过环境的创设和利用，有效地促进幼儿的发展"。第八条下面又包括5点：(1) 幼儿园的空间、设施、活动材料和常规要求等应有利于引发、支持幼儿的游戏和各种探索活动，有利于引发、支持幼儿与周围环境之间积极的相互作用。(2) 幼儿同伴群体及幼儿园教师集体是宝贵的教育资源，应充分发挥这一资源的作用。(3) 教师的态度和管理方式应有助于形成安全、温馨的心理环境；言行举止应成为幼儿学习的良好榜样。(4) 家庭是幼儿园重要的合作伙伴。应本着尊重、平等、合作的原则，争取家长的理解、支持和主动参与，并积极支持、帮助家长提高教育能力。(5) 充分利用自然环境和社区的教育资源，扩展幼儿生活和学习的空间。幼儿园同时应为社区的早期教育提供服务。

从《纲要》有关环境的论述中可以知道，环境涉及的内容是非常广的，幼儿园的空间、设施、活动材料和常规要求，幼儿同伴群体及幼儿园教师集体，教师的态度和管理方式，家庭、自然环境和社区的教育资源等都属于环境。其中，空间、设施和活动材料等属于物质环境，常规要求、幼儿同伴群体、幼儿园教师集体、教师的态度和管理方式等属于心理环境。物质环境和心理环境是相互依存、相互作用的。

二、幼儿园班级环境的作用

从幼儿入园开始，幼儿园班级就可以说是幼儿在家庭之外接触最多的环境，对幼儿的发展具有十分重要的作用。历史上许多心理学、教育学流派和学者也都提到了环境对于人发展的重要性。例如，杜威认为，要想改变一个人，必先改变他的环境，环境改变了，他自然也就会改变。人本主义认为，环境是儿童认知发展和个性发展的要素。布置环境时要给予幼儿参与的权利。环境是最佳的记录方式之一，人和环境是互动的，人对环境也会产生作用。环境布置要考虑到幼儿的身心发展特点。环境又是课程设计与实施的要素。福禄贝尔指出，人生的最初几年需要丰富的环境刺激，只有把幼儿放到适合其年龄与经验的有趣环境中，才能促进其潜能的发展；他要求把幼儿园办成花园和乐园，其氛围就像生活在家庭中一样。幼儿经验的获得与自身和周围环境有密切的关系，环境对幼儿的发展有潜移默化的影响。

《纲要》指出，“应为幼儿提供健康、丰富的生活和活动环境，满足他们多方面发展的需要，使他们在快乐的童年生活中获得有益于身心发展的经验”。幼儿园班级环境作为幼儿发展的重要影响因素，在促进幼儿的健康、认知、能力、情感、个性与社会性发展方面发挥着重要作用。

（一）促进幼儿身心健康成长

与中小学不同，幼儿园首先是儿童的生活空间和交往空间，其次才是学习空间。班级就是幼儿的另一个“家”，特别需要一种宽松、温暖、自由、自主的氛围。若班级的物质环境安全、干净、整洁，班级中有足够的游戏、活动材料，则有利于幼儿身体的正常发育成长，反之则可能对幼儿的健康成长造成负面影响。若班级充满和谐关爱，师幼双方每天心情愉悦，就会有益于幼儿的心理健康。因此，良好的幼儿园班级环境有助于幼儿身心的健康发展。

（二）培养幼儿积极的情感，促进幼儿良好个性和社会性发展

情感是人类特有的一种心理现象，是人类对周围各种事物和现象的一种内在感受。情感对一个人的行为活动会产生影响。良好的班级氛围能够发展幼儿积极的情感，而积极的情感体验有利于幼儿形成自信开朗的个性品质，同时也有助于幼儿融入集体，感受共同生活的乐趣，促进社会交往能力的发展。师生融洽的关系、同伴之间友爱的

氛围，会促使幼儿产生自信、愉快的情感；如果班级师幼关系紧张、同伴关系疏远，幼儿就会产生焦虑、消极、自私、冷漠的情感。

幼儿园是幼儿形成个性和社会性的重要场所。幼儿与幼儿、幼儿与教师、幼儿与物体之间的交流离不开班级环境的支持，如环境布置的内容及其营造的氛围、活动空间的安排及活动材料的投放等，会通过影响幼儿在交往过程中的情绪状态、交往对象的数量等来影响幼儿社会性的发展。另外，幼儿可以在与教师、同伴、家长共同创设环境的过程中进行交流、合作，表达自己在遇到困难时的疑问以及完成任务后的喜悦的情感。在这一过程中，幼儿能逐渐了解人际交往的规范和技巧，增强社会交往能力，促进自身社会性发展。

（三）促进幼儿认知的发展

幼儿喜欢新鲜感、富有好奇心，他们对一切事物都兴趣十足，幼儿园里的所有事物都是他们探索求知的对象。幼儿园班级环境对幼儿的认知发展具有激发性，能使幼儿处于积极的探究状态，在各种尝试中使用材料、发现问题和解决问题，从而获得对世界的认识。幼儿的认知是在与周围环境相互作用的过程中不断发展的。幼儿园班级环境作为幼儿发展的一种刺激条件，可用于有目的地塑造幼儿的某些行为习惯。教师要综合考虑幼儿的年龄特点、兴趣愿望、同伴关系等多种因素，对活动材料的种类、数量以及投放时机做出恰当的选择与安排。

（四）促进幼儿各种能力的发展

环境对幼儿各方面的能力有直接或间接的影响作用。例如，班级里的各个活动区都能促进幼儿能力的发展，在阅读区幼儿可以安静地阅读图书，或者与同伴交流与分享，发展阅读能力、语言交流能力；在美工区幼儿可以画画、做手工、欣赏具有艺术气息的美工作品，可以发展动手能力、绘画能力和创造力；在科学角幼儿可以自由探索科学的奥秘，发展科学探究能力和解决问题的能力；在积木区幼儿可以快乐地搭建自己心中的乐园，发展动手能力、空间想象力和逻辑思维能力等。

（五）促进幼儿园课程的多元化

幼儿园环境是课程创生的来源，是课程实施的载体，也是课程实施的结果。当下，幼儿园课程的主题越来越多地来源于幼儿的日常生活，而不同的环境会营造出不同的日常生活，因此幼儿园环境会成为课程创生的重要来源。而课程又需要在相应的环境中展开，环境需要为课程实施营造一种支持性氛围，紧密配合课程的实施，更好地回应和拓展幼儿的经验。课程实施后的环境改变也正是教师成长和幼儿发展的结果体现。环境是幼儿园课程的根基，环境的状态会影响幼儿学习的状态，甚至会影响课程实施的成效和幼儿发展的水平。幼儿园班级环境是一种隐性课程，潜藏着拓展幼儿世界的无限可能性。教师应该与幼儿齐心合力，共同创设优质的班级环境。

三、幼儿园班级环境创设的原则

环境对班级活动开展、幼儿身心发展等都起着非常重要的作用，因此在进行幼儿园班级环境创设时需要遵循一定的原则，使班级环境创设更加科学，能够与班级的教育内容相一致，真正为幼儿的身心和谐发展服务。具体来说，环境的创设有以下五个基本原则：

（一）安全性原则

《纲要》明确指出："幼儿园必须把保护幼儿的生命和促进幼儿的健康放在工作的首位。"幼儿安全问题是幼儿园第一大问题，安全也是幼儿园环境创设的首要标准。在创设环境时要应注意消除环境中的不安全因素，保证幼儿所处环境不会对其身体造成伤害，要注意玩具、悬挂物、墙饰、活动器械等的安全性，确保不存在安全隐患。环境的创设还要满足幼儿心理安全的需要，使幼儿具有充分的安全感和信任感，让幼儿成为环境的主人而不是观赏者。

（二）发展适宜性原则

幼儿正处在身体、智力迅速发展，以及个性形成的重要时期，有多方面的发展需要，加上幼儿有年龄、性别、个性及发展水平等方面的差异，不同年龄段的幼儿对环境的要求是不一样的，幼儿园班级环境创设应与幼儿身心发展的特点和发展需要相适应，且环境创设也要随着幼儿的发展而做出及时的调整。例如，小班刚入园的幼儿都有不同程度的分离焦虑，教师可将班级打造得具有温馨、舒适的家庭生活氛围，也可以让幼儿带一个自己最喜欢的玩具到幼儿园，以减轻幼儿的焦虑；而大班的幼儿面临着幼小衔接，为了让幼儿对小学充满好奇与期待，教师可以围绕"我要上小学"这一主题，使教室的布置倾向于小学的环境，还可以让幼儿自己布置与小学有关的主题墙。

发展适宜性还意味着班级环境不能是一成不变的，长时间静止的环境会让幼儿的兴趣逐渐消失，这就失去了环境创设的教育价值。因此，我们应该围绕教育目标和内容来为幼儿创设丰富多彩、常变常新、富于变化的班级环境。具体可以从以下两方面作出改变：一是环境的创设要根据教育目标和幼儿发展需要不断变化；二是在不断更新环境的过程中，为幼儿提供更多参与活动和表现的机会和条件。例如，在创设体现四季变化规律和特点的主题墙时，有的老师采用留、变、添、减的方法，表现树木的变化，四季的景色在幼儿的参与下不断变化。另外，环境创设还可以根据节日的不同而不断改变。

(三) 教育性原则

环境创设不仅仅是为了美观，更重要的是为了发挥环境的教育作用，真正让幼儿能够从环境中有所收获。班级环境创设要与课程设计和实施相呼应，展现教育活动主题。教师在创设环境时，要依据幼儿园教育目标，对环境设置做出系统规划，注重环境创设与管理的目的性、计划性和系统性，时常作如下思考：当下班级环境中有哪些因素可以为学期目标的实现服务，应该怎样利用这些因素？为了与正在进行中或下一阶段的主题活动相配合，需要投放哪些活动材料，墙面图案是否需要更新？

(四) 幼儿主体性原则

要想真正发挥环境的教育作用，就必须引导幼儿参与到环境的创设中，通过体验创设的乐趣来学习，真正与环境产生互动，在与环境的相互作用中促进自身发展。教师必须善于利用环境对幼儿进行启发诱导，充分调动幼儿探索的主动性和积极性，激发幼儿的求知欲望，引导幼儿积极思考，以提高幼儿主动获取知识和运用知识的能力。

陈鹤琴先生说过："通过儿童的思想和双手布置的环境，可使他对环境中的事物更加了解，也更加爱护。"幼儿园班级环境创设应以幼儿为主体，发动幼儿参与设计与布置，听取并充分吸收来自幼儿的合理希望和建议，尽可能体现他们的意图，使创设的环境最大限度地满足幼儿的需要。首先，教师在设计班级环境创设方案之前，可与幼儿共同商讨，就环境创设的内容和具体创设方案进行集体讨论，鼓励幼儿大胆表达自己的想法和观点，调动幼儿参与的积极性。其次，教师应让幼儿参与班级环境的创设，让幼儿亲自去收集信息并制作环境创设需要的材料等。这样一来，幼儿便成了环境创设的主体，这既能锻炼他们的动手操作能力，还能让他们体验劳动的艰辛，从而珍惜自己的劳动成果，自觉保护环境。

(五) 经济性原则

幼儿园班级环境创设应秉着"节约资源、循环利用"的理念，一方面要充分挖掘现有的环境资源，如将一部分瓷砖墙壁变为涂鸦墙，将走廊开发为火车轨道，将阳台改造为秘密花园；另一方面也要在环境创设中渗透环保教育，在保证清洁、卫生的前提下，做到废物利用、一物多用。环境创设时应充分利用废旧物品，挖掘废旧物品的教育价值。例如，教师在创设环境时可以让幼儿从家里收集各种各样的废旧物品，如旧纸盒、包装袋、蛋糕盘、点心盒、饮料瓶、牙膏盒等，然后将这些废旧材料带到班级来进行环境创设。这样一来，不仅节约了幼儿园的办园成本，提高了办园效益，而且还培养了幼儿的环保节约意识。

任务二　幼儿园班级物质环境创设

幼儿园班级中最主要的物质环境就是区域环境和墙面环境。

一、幼儿园班级区域环境创设

区域活动是指教师根据主题教育的目标和幼儿发展的需求，有目的地创设活动环境，投放活动材料，让幼儿按照自己的意愿和能力，有效运用集体、分组和个别相结合的活动形式，组织幼儿进行自主选择、合作交往、探索发现的学习、生活和游戏活动，是幼儿的一种重要的自主活动形式。

活动区是幼儿园活动室空间的一种组织形式。教师根据教育活动的需要或幼儿当前的兴趣，将活动室空间划分为不同的活动区域，提供相应的活动材料，让幼儿自主选择，通过与材料、环境、同伴和成人的互动来学习，活动区是幼儿自由探索的场所。

（一）幼儿园班级区域的类型与功能

根据功能的不同，将活动区分成表现性区域、探索性区域和欣赏性区域三大类，并列举了各类区域中一些常见的区域与功能。

1. 表现性区域

表现性区域投放了各种开放性材料，该区域以幼儿已有经验为导向，为幼儿提供自我表现与表达的机会。幼儿在这类区域中会综合运用已有知识，在表达意愿、展示能力、充分体现自己天性和潜力的过程中，进行各种创造性的活动。表现性区域具体包括以下功能区：

（1）娃娃家。娃娃家是幼儿开展角色游戏的场所，是幼儿最能够自由表达意愿和发挥想象力、创造力的区域。幼儿对生活常规的认识、对人际关系的理解、对情感的宣泄和补偿，以及其叙事能力的发展都能通过娃娃家来实现。

图 7-1　娃娃餐厅

（2）表演区。表演区是幼儿自发地进行故事表演和歌舞表演的游戏场所。经常开展表演游戏，对幼儿的艺术素养、审美能力是一种很好的熏陶，幼儿再造性想象的充分发挥，体现为日益增强的表现力，同时，开朗、自信、合作的品质也都由此得到发展。

图 7-2　民族音乐坊

（3）建构区。建构区是幼儿用各种结构元件如积木、插塑等材料进行结构造型的游戏场所。经常玩建构游戏的幼儿，能获得大量有关数量、图形以及空间的核心经验，还能通过对称、有序排列等形式提升审美能力。建构游戏是融思维、操作、艺术、创造为一体的活动，是幼儿阶段不可缺少的一种体验。幼儿园应提供足够的空间、充足的材料以及充分的时间，保障幼儿建构游戏的开展。

图 7-3　建构区

（4）美工区。美工区是幼儿自主地进行绘画和手工制作的场所。美工区既为幼儿提供了精细动作练习的机会，也为幼儿审美表征能力的发展创造了条件，更是创造性教育的重要场所。幼儿通过这样的机会，从简单创作逐步走向复杂创作，其创造性也将日益充分地展现出来。

图 7－4　美工区

2. 探索性区域

探索性区域应当是能让幼儿充满好奇并极具挑战性的，惊奇、疑问、尝试、发现是这类活动的一般过程。教师要通过创设环境激发幼儿的认知冲突，让幼儿在不断尝试错误过程中建构自己的经验。这些区域主要包括以下几类：

（1）益智区。益智区是幼儿通过手脑并用操作材料（棋牌类、拼图类）进行逻辑思维活动的游戏场所。保障益智区材料的吸引力，使幼儿自觉进入这个区域活动，将极大地满足幼儿的求知欲，使幼儿在数、形、空间等的感知过程中培养爱动脑筋的习惯，使之变得聪明和更有智慧，并且促进其理智感的发展。

图 7－5　益智区

(2) 科学区。科学区是教师通过投放各种低结构化的材料，使幼儿通过与材料的相互作用，获得物体属性和事物关系的相关知识，探索和发现客观世界物理经验的活动场所。幼儿在科学区不仅能获得科学知识，而且还能提高观察能力、实验能力、科学思考能力、表达交流能力以及设计制作能力。

图 7－6　科学区

(3) 种植饲养区。种植饲养区也是为了匹配科学活动所设置的区域，主要配备植物和动物，是增长幼儿自然常识，让幼儿认识生命变化的区域，一般包括室内自然角和室外种植饲养区。种植饲养区主要提供常见、易养、安全的动植物，让幼儿在种植、采摘、喂养、照料等直接体验过程中，学习观察动植物的生长过程，理解生命的特点和价值。相比其他区域，在这里，幼儿作用的客观对象具有动态性和变化性，该区域的互动性更强，探索与发现所带来的兴趣更浓。种植饲养活动不仅培养了幼儿对生活的乐趣、亲近自然的情感、珍爱生命的意识，而且能使幼儿初步养成做事的坚持性和责任感。

图 7－7　种植任务分配

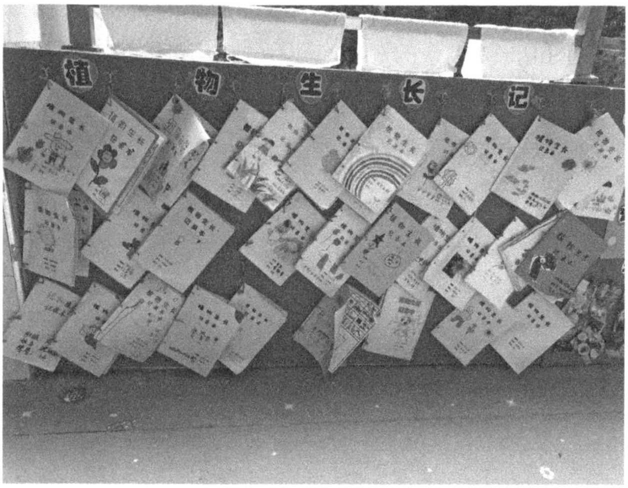

图 7－8　种植饲养记录

3. 欣赏性区域

幼儿在欣赏性区域的主要活动方式是通过眼睛、大脑进行理解和接受，该区域是幼儿增长见识、获得自主发展的重要区域。有文化品味的幼儿园，尤其重视这个区域的建设。

（1）阅读区。阅读区主要通过投放丰富的阅读材料来培养幼儿的阅读兴趣、阅读习惯、阅读能力。

图 7－9　阅读区

（2）展览区。展览区是把各种想让幼儿了解而幼儿又难以亲历的事物，以一种环境布置的方式进行展览的区域。展览区有关于自然常识的展品，如植物、动物等；有关于社会历史的展品，如文房四宝、传统的劳动工具；有关于艺术欣赏的展品，如世界名画、民间工艺品；有反映多元文化的展品，如各国标志性建筑模型、各国的国旗；有关于民族特色的展品，如各民族的服装、用具；有关于民俗风情的展品，如象征不同节日的物品符号、民间玩具等。展览区通过把图片、实物集中布置或分散布置为小小的展示区，让幼儿了解和分享各种知识，以开阔视野，增长见识。

图 7－10　复兴号进山寨

(3) 幼儿作品展示区。设置该区域主要是出于以下两个原因：一是幼儿完成的作品需要与大家分享。对幼儿而言，作品展示是一种交流，它直观、形象，在某种程度上比语言更能引人入胜，更能激发同伴间的交往、关注与热爱，同时作品也使幼儿成为活动环境的参与者与创造者。二是幼儿未完成的作品需要暂时保留，以便下次继续。如果幼儿的作品经常一完成甚至未完成就被拆掉，则不利于培养幼儿的责任心。每一次展示都是对幼儿的肯定，能使幼儿感到自己是作品真正的主人。

图 7－11　插花小屋

(二) 幼儿园班级区域的设置

区域的种类很多，但班级空间是有限的，所以教师要选择在班级设置哪些区域。通常每个班设置 5～8 个活动区，这些区角要能同时满足班内所有幼儿的游戏活动，可以根据以下因素进行选择：

1. 幼儿的需要与兴趣、相关经验

在创设区域时，考虑幼儿的需要、兴趣和相关经验是必不可少的。

2. 年龄特征

教师可以根据幼儿的年龄特征选择相关区域。例如，小班的教育重点主要放在情感、动作、语言以及行为规则的培养上，因此可以设置生活区、娃娃家、阅读区、美工区等；中、大班的教育重点主要放在培养探究能力、思维能力、解决问题的能力上，所以可以设置科学区、角色扮演区、建构区、美工区等。

3. 场地

一些幼儿园户外空间有限，因此巧妙利用室内的空间，创设室内微运动区，可以有效保证幼儿每天一小时的体育运动时间。

4. 其他

正在开展的主题活动、可以利用的活动材料、本土化资源等因素都应该作为设置区域的考虑因素。

（三）幼儿园班级区域的布局

在确定区域的种类和数量后，教师需要根据各个区域的需要在活动室内寻找最佳的空间位置，充分利用好教师的空间。具体来说，要考虑以下因素：

1. 确定各个区域的空间大小

在区域设置时应该考虑空间大小的问题，避免出现空间的浪费和拥挤。如阅读区只需要一个小角落，如空间太大则容易引发幼儿的走动和打闹行为，不利于幼儿安静阅读。美工区则需要较大的空间，因为美工区所使用的材料会比较多，即使是六人桌，使用人数也应不超过四人。建构区最好较为宽敞，以供幼儿搭建，除了在区域内游戏，在开展主题搭建活动时，也可以允许幼儿将建构材料带出区域，在空旷的场地进行建构，只要使用后能够及时整理材料即可。

2. 考虑教室的固定特征

固定的或永久性的物理特征包括窗户、电源插座以及地面性质。在为每个区域选择地点时要充分考虑这些固定特征。如美工区应该安排在容易清理的地方，并靠近水池。益智区和阅读区应该靠近窗户。自然角要选向阳的一面。摆放材料的架子和使用材料的工作区应安排在一起，距离太远会使幼儿使用材料的次数减少。

3. 动静分开

为使幼儿能全神贯注地进行区域活动，教师需要将安静的区域和比较热闹的区域分开。一般情况下，阅读区、美工区、科学区等属于安静区，应安排在教室里安静的地方，一般要离门远一些。表演区、建构区、角色扮演区等都是动态且吵闹的区域，应将它们安排在一起。

4. 相关区域毗邻而设

将相关的区域安排在相邻的地方，幼儿可以将相邻区域内的材料结合起来开展复杂活动，增加游戏的丰富性。在幼儿园不要硬性要求幼儿将游戏材料摆放在固定区域，教师应该允许幼儿把不同区域的材料整合起来使用。

5. 区域之间有适当的界限

界限不明，幼儿可能会分散注意力或无目的地闲逛。教师可以利用各种玩具柜、书架、桌子、纸箱、吊饰等作为区域分界线。不过，区域封闭的程度要根据区域内容和幼儿年龄而变化。如阅读区的封闭程度要高一些，便于幼儿在里面专注地看书，美工区、娃娃家则可开放一些，以便幼儿取水换水，出入方便。小班的区域封闭性要强一些，以减少外来的“诱惑”，大班区域的开放性要加大，以利于丰富活动内容和区域间有目的地交往。

6. 区域空间拓展

区域的空间不能局限于室内，还需要充分挖掘和有效利用幼儿园各种显性和潜在的空间资源，可以将区域的空间从室内拓展至室外，充分利用室外的大厅、走廊、阳台，甚至操场等资源，宽敞的环境能让幼儿大显身手。

图 7－12　乐乐邮局（拓展到走廊）

（四）幼儿园班级各区域的内部环境

好的区角能够激发幼儿主动去探索，从而获得发展，而这离不开教师对各个区域的内部环境进行精心的设计和布置，包括区域标识、材料投放和规则制订等。

1. 为区角命名并制作明确的区域标识牌

各个区域名称并不需要统一，应富有童趣、生动，可以选择幼儿能理解并喜欢的名称，也可以让幼儿自己为区角命名。

每个活动区要有明显的标志，标志应根据幼儿年龄特点进行设计。在区域标识牌上可以呈现不同层级的符号，如实物、实物照片、图片、真实轮廓画、简笔画、文字等。标志从实物发展到图片到最后的文字，符号化、抽象化程度不断提高，可以支持不同发展水平的幼儿。教师还可以发挥幼儿的主体性，请幼儿自己设计和制作区域标识牌。

2. 投放适宜的区域材料

教师应根据区域目标，系统地设计与投放材料，从而为幼儿创设一个有准备的学习环境。这样的环境能够激发幼儿的活动兴趣，不断吸引幼儿主动积极地与材料互动，从而实现自主和全面发展。教师首先应考虑幼儿的兴趣和发展需要，也要将主题活动的需要考虑进来。同时，教师在设计与投放区域材料时还要考虑材料的连续性，确保幼儿通过与材料互动所获得的经验不是孤立、零散的，而是在已有经验的基础上的进一步提升。

教师在具体投放材料时还要注意以下几点：(1) 提供开放性、多样性的材料，以激发幼儿的想象和创造。(2) 提供多种层次的材料，以满足不同发展水平幼儿的需要。(3) 提供符合幼儿最近发展区的材料，以促进幼儿更高水平的发展。(4) 选择开放性材料，用问题激发幼儿主动探索。

3. 规则“可视化”

可以用“小脚丫”“插大头贴”“戴挂牌”等方式控制进区人数，避免幼儿因拥挤影响活动开展。可以将活动中的规则画出来、写下来，如阅读区的“静”的图示、美工区的“请勿随地乱扔垃圾”的图示，都可以很好地提醒幼儿按规则进行游戏。请幼儿自己讨论制订区域规则，可以让幼儿更加自觉地遵守规则。

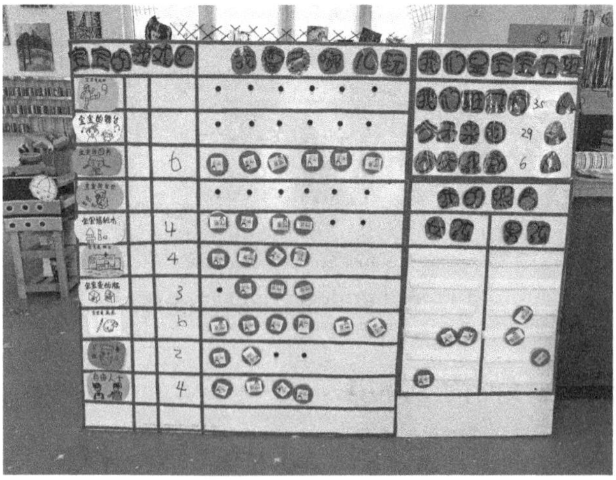

图 7-13 进区牌

二、幼儿园班级墙面环境创设

（一）幼儿园班级墙面环境的内涵和功能

幼儿园班级墙面环境，遍及教室内、班级走廊和阳台上幼儿能接触到的所有墙面。意大利著名教育家马拉古奇说：“我们学前学校的墙壁会说话，它也有记录的作用，利用墙面的空间暂时或永久性地展示出幼儿及成人的生活。”所以墙面环境除了应具有美感，以美化环境和给予幼儿美的熏陶外，更重要的还应支持幼儿的学习活动，促进幼儿经验的获得。具体包括记录幼儿的学习过程和结果；激发幼儿持续探究；促进幼儿表达表现和经验分享等。只有具备这些功能，墙面环境才能成为高质量的环境和课程的重要组成部分。总体来说，墙面环境的色彩应以明亮的纯色为主；造型应以童趣、简洁为主；内容应为幼儿熟悉的，且与幼儿身心发展特点相适应；形式应尽量是互动式的。

（二）幼儿园班级墙面环境的类型及创设

根据墙面环境的不同特点与功能，我们可以将班级墙面环境大体分为以下几类：

1. 班级主题墙

班级主题墙，是丰富班级教育环境，优化教育手段，提高教育质量的一个重要途径，在幼儿园班级墙面环境中占比最大。根据主体性原则，班级主题墙的创设应该鼓励幼儿参与，让幼儿成为班级环境创设的主人，并与环境有效地对话，从而使主题墙成为幼儿学习的互动平台，促进幼儿的发展。主题墙不仅是一座架在幼儿、教师、家长三者之间的桥梁，它更是幼儿发展、幼儿园课程与班级环境创设三者的有机结合体。因此，在教育活动中创设真正能让幼儿喜欢、能积极互动，并能促进幼儿主动发展的主题墙是至关重要的。班级主题墙的创设形式层出不穷，主题墙的色彩也比较丰富，能够吸引幼儿活动的兴趣。班级主题墙根据功能不同又可以分为以下五类：

（1）与教育活动相呼应的主题墙：是指为了呼应和配合主题活动或某教育活动的开展而创设的墙面环境。此类墙面环境适宜的形式为：墙面环境的名称与教育活动的名称

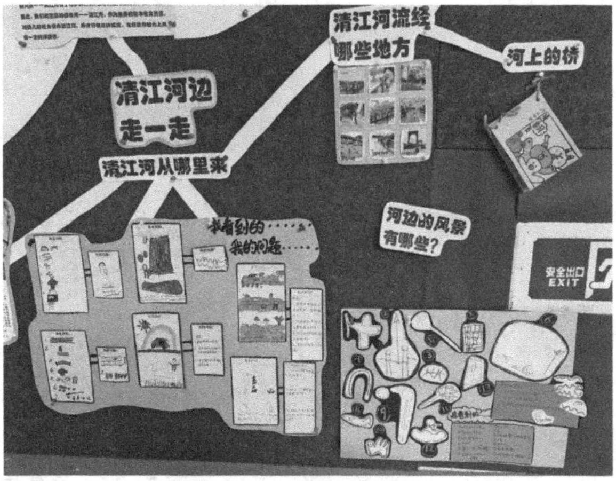

图 7-14　教育主题墙

相符，随着活动的展开在不同阶段发展不同的子栏目。

（2）常规性主题墙：是指配合值日生的常规工作而创设的墙面环境，包括如天气预报栏，餐前餐后服务栏，自然角照料服务栏等。此类墙面环境适宜的形式为：用形象的、幼儿能懂的方式标明值日幼儿姓名、工作的内容与基本要求等。

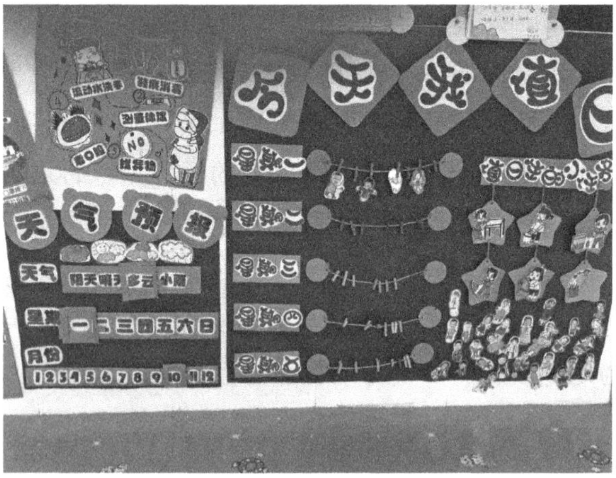

图 7－15　常规主题墙

（3）区域活动的墙面：是指各个活动区域内周围的墙面环境。这类墙面环境特别强调墙面环境的内容应与该区域的内容相符合并能促进幼儿在这个区域学习和游戏活动，如建构区的图谱提示，大班幼儿搭建的作品图片等；科学区的提示幼儿探究的问题情境等；阅读区的新书介绍、故事图片、阅读要求等；美工区的折纸步骤图等。

图 7－16　区角主题墙

(4) 功能区的墙面：是指盥洗室、睡眠室、饮水区、更衣室等区域的墙面布置。这些区域墙面的布置应特别具有美感，且与该区域的功能相符合，这样有助于幼儿在本区域生活和学习活动。

图 7－17　功能区主题墙

(5) 过渡性区域的墙面：是指与班级相关的过道、走廊、楼梯等区域的墙面环境。过渡性区域的墙面布置要保证各区域的主要功能的实现，保证幼儿的安全和健康。

图 7－18　过渡区主题墙

2. 家园联系栏

家园联系栏是家园沟通的桥梁，是展示幼儿园班级保教工作的一个窗口，更是家园进行教育交流的一块活动空间，它能使幼儿园与家庭之间的联系变得密切，起到促进家园互动双赢的作用。家园联系栏可设置以下内容：活动通知、育儿知识介绍、主题活动安排、幼儿在园情况反馈、家园配合的内容、童言趣语、小小信箱、家长论坛、家长经验介绍等。

家园联系栏创设的策略有：巧用便利贴；发动家长参与家园联系栏的布置；经常

改变栏目内容；采用小主题讨论的形式；内容采用手写的方式，让人感觉更真诚。

图 7－19　家园联系栏

3. 幼儿作品栏

幼儿园班级墙面作为幼儿园班级环境的一部分，为幼儿提供了展示其美术作品的平台。尤其是幼儿园班级外墙面，它视野开阔，面向群体，更适宜展示幼儿的美术作品。因此，一般幼儿园班级都选择用班级外墙面展示幼儿美术作品。这一方面可以提高幼儿自身的感性经验及审美情趣，增强幼儿的自信心及自豪感；另一方面可以让家长参与进来，欣赏幼儿美术作品，促进家园合作与共育。同时，富有儿童情趣的美术作品可用于美化幼儿园班级环境，使幼儿置身于艺术创作的氛围，陶冶自己的情操。

图 7－20　幼儿作品栏

创设幼儿作品栏时也应该吸引幼儿参与。展示的作品可以包括绘画、涂色、折纸、剪纸、手工制作作品等，要全方位展示幼儿多姿多彩的美术作品。应注重幼儿的个体差异，不对幼儿作品进行统一要求或是让幼儿临摹范画。展示的作品形式也应多样化，可以有幼儿单独的作品、同伴合作的作品、亲子制作的作品等。还要注意定期更换作品，让幼儿保持新鲜感，激发他们的自信心和成就感，同时对下一次活动充满期待。

如果没有家长的关注欣赏，展示栏的家园合作促进作用也就失去了意义。家长早上送孩子入园和晚上接孩子离园的时候，教师可适当引导家长关注孩子的作品，并引导家长正确评价作品。

任务三　幼儿园班级心理环境创设

一、幼儿园班级心理环境的含义与意义

(一) 幼儿园班级心理环境的含义

心理环境是指对人的心理发挥着实际影响的社会生活环境。

心理环境一般指由人际关系、文化观念等因素交织在一起所形成的氛围，包括对人产生影响的一切人、事、物。幼儿园的心理环境包括幼儿生活、学习和游戏的气氛，以及幼儿园的人际关系及风气等。心理环境对幼儿的身心发展起着潜移默化的影响。教师对幼儿的态度、幼儿的同伴关系是心理环境的重要内容，它在一定程度上决定着幼儿的身心能否得到健康发展。

(二) 创设幼儿园班级心理环境的意义

幼儿园班级若只重视物质环境的创设而忽略心理环境的创设，就好比有华丽的房子却无人居住，将无法带给幼儿安全感、归属感，这对幼儿的心理健康不利。幼儿园班级心理环境主要体现在幼儿园班级的气氛及人际关系等方面，其对幼儿心理及行为的发展有着非常重要的意义。

1. 有利于满足幼儿的心理需要

幼儿期是幼儿心理发展最为敏感的时期，在这一阶段，幼儿存在着多方面的心理需要，如对美的追求，需要理解信任、关心爱护，需要表扬鼓励，希望得到尊重等。教幼之间、同伴之间密切的关系、和谐的气氛、轻松愉快的相处方式，能够满足幼儿的心理需要。教师、同伴的行为举止、处事态度等都以环境教育的方式影响着幼儿。研究表明，生活在温暖、支持气氛中的幼儿，更容易形成积极的个性特征和良好的交往技能。因此，创设良好的班级心理环境对促进幼儿心理健康发展具有十分重要的作用。

2. 有利于幼儿形成健全的人格

幼儿期是情感体验迅速发展的时期。随着年龄的增长，幼儿的社会性要求也不断

增加，渴望拥有一个富于情感色彩的环境。幼儿的心灵非常敏感，往往易于接受并放大来自别人的信息，从中体会别人对自己的情感。教师亲切的态度、同伴之间的情感交流、成人的关爱，都是幼儿渴求的心理环境。良好和谐的心理环境使幼儿产生安全感，引起愉快的情绪体验，从而学会关爱他人，尊重他人，形成健全的人格。

（三）良好的幼儿园班级心理环境的特点

良好的幼儿园班级心理环境至少要做到平等和尊重、自由和民主。

1. 平等和尊重

良好的幼儿园班级心理环境首先需要教师与幼儿建立起心理上的平等关系。缺少平等精神的教育，幼儿容易形成怯懦、自卑、自私等不健康心理。教师应将自己摆在与幼儿同等的高度，以幼儿的眼光看问题、看世界，以更科学的角度去了解幼儿，为幼儿提供最适合的教育。

幼儿虽然年龄较小，但自尊心很强，教师不能采取粗暴的态度给幼儿施加压力或说一些伤害幼儿的话，更不能在众人面前训斥幼儿使幼儿失去自尊。教师应尊重幼儿的需求、选择与意见，给幼儿一定的自由空间，正视幼儿间存在的个体差异，使幼儿感受到自己是被尊重的。

2. 自由和民主

心理上的开放有益于幼儿养成开朗的性格。要鼓励幼儿说出自己的想法，给幼儿自由表达的机会。幼儿豁达大度、直言不讳、善解人意的性格与健康开放型的心理环境影响是密不可分的。

教师要充分考虑幼儿的意见，让幼儿也有发言权，遇事大家一起来商量，让幼儿也参与其中，表达自己的想法，使幼儿得到心理上的满足。只有形成民主的风气，才能保证幼儿的心理健康发展。

二、幼儿园班级心理环境创设的途径

营造积极向上的心理环境的核心在于建立融洽、和谐、平等的人际关系。在幼儿园班级心理环境中，主要的人际关系包括师幼关系、幼儿间的同伴关系、教师间的同事关系及教师与家长的关系，要为幼儿提供一个温馨的成长环境需要处理好这些关系。

（一）平等的师幼关系

苏联著名教育家赞可夫说过："就教育效果而言，很重要的一点是看师生关系如何。"在幼儿园各种人际关系中，师幼关系是最基本、最重要的。为了促进幼儿主体性的发展，提高师幼互动的质量，应做到以下几点：

1. 尊重幼儿

平等和尊重在前文已经提到。要想真正做到平等和尊重，首先要求教师必须有正确的儿童观。幼儿不仅仅是一个有生命的个体，更是一个在生理上、心理上需要极度关怀与满足的人。对于幼儿合理的要求，教师都应合理地解决。教师应该倾听幼儿谈论的热点话题，及时捕捉幼儿感兴趣的主题。任何情况下，教师都应自觉地将个人的不良情绪排除在幼儿教育的过程之外，要时时刻刻都体谅、满足幼儿的合理要求，绝不能因为个人的好恶而影响对幼儿的态度。

2. 了解幼儿

每个幼儿的个性和能力都大不相同，要想让幼儿在其原有基础上获得进一步的发展，就必须首先对幼儿有深入、全面的了解。教师在深入了解幼儿的同时，也同样能赢得幼儿的心。

3. 鼓励幼儿

教师应关注每个幼儿的成长。教师不仅要热情、耐心地接纳幼儿的意见和要求，还必须适时鼓励幼儿，激发幼儿在这个空间里大胆表现、大胆创造、发挥自我。幼儿的内心世界是丰富多彩的，他们也大多有在同伴及教师面前表现的心理趋向，教师应适时地加以引导，教师肯定的眼神、会心的笑容、坚实的拥抱和抚摸都会给幼儿带来巨大的安慰和影响，会让幼儿更加自信、更有成就感，幼儿从而也会更加信赖教师。

（二）友爱的同伴关系

教师可以通过对幼儿进行引导来为幼儿创造一个积极交往的背景，从而可以有效地影响幼儿的交往态度和社会行为。教师应当有意识地对幼儿的同伴交往进行引导：

1. 引导幼儿积极互动，以及产生对班集体的认同感

建立好班集体，是创设班级心理环境的重要内容，它能促进幼儿个体心理发展。幼儿作为特定的社会成员，从群体意义上讲，首先归属于幼儿园的班级集体。初建班集体时，应坚持正面教育和集体教育的态度，使幼儿个体的才能在集体中得到充分展现，使幼儿逐渐产生自信和自主感。教师要运用集体的力量纠正幼儿的不良倾向，培养幼儿良好的交往品质，应注意引导、鼓励和帮助幼儿参加各种活动，并随时肯定、表扬他们的积极性和良好表现，这将会激励他们主动进行同伴交往。

2. 引导幼儿学会相互交流

幼儿存在明显的自我中心倾向，他们不善于察觉他人的思想感情和需要，缺乏对他人的情绪情感状态的认知、了解，这就会导致互助、合作、关心、抚慰、同情等亲社会行为因素的缺乏。教师引导幼儿和同伴交流自己的思想和感情，有利于同伴了解别人的各种需要，进而产生帮助、合作等行为，这样也能使得到帮助的幼儿学会正确的反馈方法。为达到目的，教师在平时应让幼儿相互交流对某件事情的感受，学会观察他人的表情，了解他人的情绪情感状态等。

3. 建立同伴间相互关心、友爱的气氛

让幼儿学会正确的关心他人的行为方式，让全班有一种相互关心、友爱的气氛是良好心理环境创设的重要内容。教师应引导幼儿组建一个团结的集体。例如，开展“我们都是好朋友”的主题活动，鼓励幼儿互相关心；开展玩具展览会，让幼儿把心爱的玩具带到班里，激发幼儿的分享行为。教师应引导幼儿组建一个谦让的集体。例如，开展“请你先来”系列活动，让幼儿变得更加团结友爱，培养幼儿谦让的品质，这样幼儿争抢玩具图书、排队拥挤的现象将大大减少。

(三) 和谐的同事关系

教师间的同事关系对幼儿的社会性培养具有多重的影响。和谐的同事关系是友爱的同伴关系和幼儿亲社会行为的最好榜样。如果教师能做到互相关心、帮助、抚慰能进行合作等，即使不过度强调幼儿也会由于耳濡目染而更倾向于产生类似行为并养成习惯。反之，如果教师之间是漠不关心的，那么教师再怎么强调培养幼儿的爱心、同情心，其效果也会不如人意。

所以，在创设心理环境时，要注意下至一个班的保教人员，上至全园教师和全体教职工之间的交往，都应当成为幼儿良好社会性发展的榜样。

(四) 畅通的家园关系

幼儿并非只是单纯接受幼儿园的教育，幼儿的发展受到多方面环境的影响，各种环境之间也不是独立、静止存在的，而是相互作用、相互影响的。必须将影响幼儿发展的各种教育资源整合起来，才能真正形成合力，促进幼儿发展。而这其中最重要的就是家园共育，因为家庭是幼儿的第一所学校，家长是幼儿的第一任教师。

教师虽不能像创设幼儿园班级环境那样去设计和塑造幼儿的家庭环境，但在教育过程中，一定要注意每个幼儿都受到不同的家庭环境影响，并且应努力向家长宣传适宜、正确的教育观念和行为，建立密切的家园联系，以促进幼儿更好地发展。教师还应与家长合作，双方要积极主动地相互了解、相互配合、相互支持，教师与家长可以通过互动来促进幼儿身心健康发展。如何具体有效地开展家长工作将在项目八进行详述。

建立和谐的幼儿班级心理环境对于幼儿心理与社会性行为的发展能起到十分重要的作用。教师不仅要加强个人修养，保持积极向上的心态，成为幼儿的榜样，也要学会处理同幼儿、同事、家长等的人际关系，为幼儿的健康发展创造良好的心理环境。

知识拓展

7-1　四叶草之家——日本幼儿园环创一瞥

7-2　幼儿园微景观环创设计——我在幼儿园“种了一棵树”

实战演练

1.【2022上《保教知识与能力》·单选】幼儿园创设物质环境时首先应考虑的要求是（　　）。

A. 经济性　　B. 安全卫生性　　C. 功能性　　D. 美观性

2.【2017下《保教知识与能力》·单选】幼儿园环境创设中，使用易于识别的生活行为规则标识图，其最主要的目的是（　　）。

A. 美化环境　　B. 便于幼儿看图说话

C. 便于幼儿认识各种符号　　D. 便于幼儿习得生活技能和行为准则

3.【单选】幼儿园最基本的社会人际关系是（　　）。

A. 幼儿间的同伴关系　　B. 教师与家长的关系

C. 教师间的同事关系　　D. 教师与幼儿的师幼关系

4.【单选】刘老师在见习的时候，见到主班李老师在辅导幼儿画画，但是有一名男孩儿画一半就不画了，跑去做黏土，李老师也没有阻止。刘老师不解，问李老师为什么不鼓励孩子把画画完。李老师说：“为什么一定要让孩子做他不喜欢做的事呢？要知道当他对一件事不感兴趣时他是很难成功的。”李老师的话体现了班级精神环境创设中的（　　）。

A. 建立良好的师生关系　　B. 建立团结友爱的班集体

C. 帮助幼儿建立良好的同伴关系　　D. 尊重幼儿，让幼儿主动发展

5.【简答】幼儿园班级环境创设的原则有哪些？

6.【简答】如何创设良好的幼儿园班级心理环境？

7.【2017下《保教知识与能力》·论述】什么是幼儿园环境？为什么幼儿园教育中要强调创设良好的幼儿园环境？请联系实际说明。

项目七
知识拓展及实战演练答案

项目八

幼儿园班级家长工作管理

项目八
微课视频

学习目标

知识目标	了解幼儿园班级家长工作的含义及意义，熟悉幼儿园班级家长工作的原则和内容。
技能目标	掌握开展幼儿园班级家长工作的集体、个别方式，并能够创造性地开展好班级家长工作。
素质目标	树立家园合作的观念，积极帮助家长掌握科学的教育理念与方法，加强家园联系，形成教育合力。

思维导图

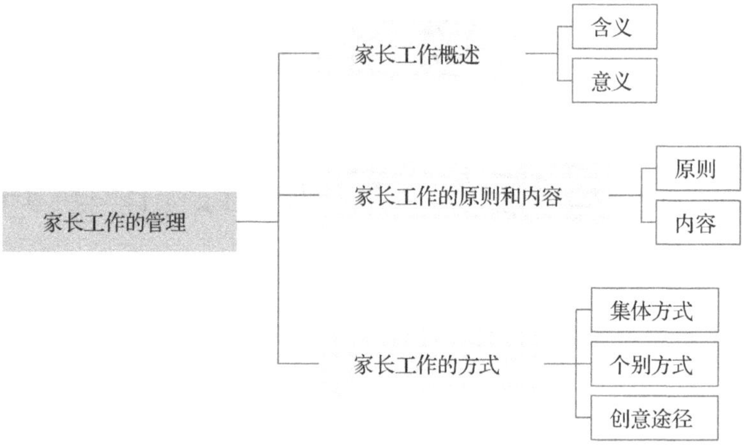

案例导入

孩子的拒绝

雯雯的妈妈想锻炼雯雯的自理能力，从她上大班开始便正式向她提出以后要自己洗袜子的要求，雯雯不同意。妈妈就问她原因，雯雯说不知道怎么洗。妈妈有点生气地说："我不是教过你吗？先打湿袜子，再搓泡泡，最后用清水洗干净。这么简单你都不会，你就是懒。"雯雯感到很委屈。妈妈跟王老师说了这件事，王老师让雯雯妈妈先不要着急，也暂时不要再强迫雯雯。一天，户外自由活动时，王老师走到雯雯身边，先和雯雯聊了其他的，然后说到了洗袜子的事情，雯雯委屈地说出了真实原因："我不是懒，我只是不知道怎么搓泡泡。"王老师安慰雯雯说没关系，自己来帮助雯雯和妈妈沟通。下午放学时，王老师跟雯雯妈妈说出真实的原因，并提出建议，由妈妈打泡泡，雯雯再自己洗，试试看效果如何。妈妈回到家按照王老师的建议当晚就这样做了，雯雯在妈妈的陪伴下把小袜子洗得干干净净。之后，雯雯和妈妈一直配合默契。到现在，她已经可以独立洗小衣服了。有时孩子拒绝一件事情，可能并不是“态度”问题，而是“能力”或者“方法”问题。孩子尚小，很多事情不会或者不敢做，会产生畏难情绪，阻碍自己的行动。教师和家长请不要给孩子贴标签，要从方法和能力上引领孩子，在孩子获得了越来越多的生活经验后，她/他的情绪、性格、习惯以及师幼、亲子之间的关系，都会越来越好。

任务一　幼儿园班级家长工作概述

《规程》指出：“幼儿园应当主动与幼儿家庭沟通合作，为家长提供科学育儿宣传指导，帮助家长创设良好的家庭教育环境，共同担负教育幼儿的任务。”《纲要》指出：“家庭是幼儿园重要的合作伙伴。应本着尊重、平等、合作的原则，争取家长的理解、支持和主动参与，并积极支持、帮助家长提高教育能力。”这些政策规定的理论支点是对孩子的教育不是幼儿园或家庭单方面的责任，它需要幼儿园教育工作者与家长结成同盟，互动支持，资源共享，共同实施对孩子的教育工作，实现家园共育。家长是幼儿不容忽视的教育者，也是幼儿园班级管理工作的重要支持者和配合者。

一、幼儿园班级家长工作的含义

教育好幼儿既是幼儿教师的任务，也是家长的责任。而幼儿教育的成功与否，在很大程度上取决于幼儿园与家庭的联系，取决于家庭能否与幼儿园配合共同教育好幼儿。

幼儿园班级家长工作主要是指在班主任的带领下，班级教师集体面向幼儿家长所开展的一系列互动活动，目的在于形成家园共育的合力，更好地促进幼儿全面发展和达成班级的管理目标。现代幼儿园家长工作就是指教师和家长都把自己当作促进幼儿发展的主体，双方积极主动地相互了解、相互配合、相互支持，通过幼儿园与家庭的双向互动活动，形成同步教育，共同促进幼儿的身心发展。在家园合作中，教师占主导地位，教师有责任唤起家长的主人翁意识，激发他们积极合作的态度，无论教师还是家长都要提高对幼儿教育的认识，树立大教育观，认识到幼儿教育不等于幼儿园教育。幼儿园不能把教育对象局限在幼儿身上，而应该把教育对象扩展到家长。

二、幼儿园班级家长工作的意义

（一）有利于实现家园教育一致

苏霍姆林斯基曾说：“儿童只有在这样的条件下才能实现和谐、全面的发展：两个教育者——学校和家庭，不仅要一致行动，向儿童提出同样的要求，而且要志同道合，抱着一致的信念，始终从同样的原则出发，无论在教育的目的、过程，还是手段上，都不要发生分歧。”《专业标准》在专业维度上对幼儿园教师提出了“与家长进行有效沟通合作，共同促进幼儿发展”的要求。我国著名教育家陈鹤琴先生也曾指出：“幼儿教育是一种很复杂的事情，不是家庭一方面可以单独胜任的，也不是幼儿园一方面能单独胜任的；必定要两方面共同合作方能得到充分的功效。”无论是教育家所强调的，还是幼儿教育政策规定的，都显示出保持家园教育的一致性是很重要的。然而现在很多家长将希望单方面寄托于幼儿园，认为孩子的教育只在幼儿园里进行，离园之后，家庭对孩子产生的影响就不属于教育，只是自然的生活了。这些想法有一定的偏颇，幼儿园的教育与家庭教育都十分重要，不可割裂，两者应该保持一致，以便于幼儿培养良好的人格和行为习惯。通过开展家长工作，家长会对幼儿园的教学工作及教育目标有更深入的了解，能够更积极地配合教师的工作，以保证教育一致性的实现，从而更好地促进幼儿的全面发展。

（二）有利于提升家长科学育儿能力

父母是孩子的第一任教师，家长影响着幼儿的生活习惯，影响着幼儿对生活的态度，影响幼儿的人格发展。他们是幼儿教育的重要力量。但现代社会生活节奏较快，许多家长自身工作和生活压力较大，与子女的相处时间很少，且一些家长在儿童观、教育观等方面也存在一些问题，因此幼儿教育方面的效果不佳。幼儿园是对 3～6 岁幼儿实施保育和教育的专门机构，班级是幼儿园的基本单元，班级里的教师是专业的幼儿教育人员，幼儿教师工作的专业性决定了其在幼儿教育策略与方法上相对于家长具有更高的权威性。通过必要的家长工作，班级教师可以对幼儿家长的教养方式和教育观念有所了解，并有针对性地对家长在家庭教育中存在的问题给予科学性建议，尤其是对少数表现特殊的幼儿，教师可以与家长协作，从而提升家长科学育儿的能力。许多班级教师会采取多种方式方法向家长宣传幼儿园教育的正确理念，或集体进行或个别指导等，家长若能参与这些活动，将对幼儿教育知识有更多的了解，认识到家庭教育的重要性，也能提高科学育儿的自觉性和责任心。

（三）有利于整合家长的专业优势提高班级教育活动质量

一个班的幼儿家长往往有着各自不同的经历，从事着不同职业，知识结构也迥异，调动家长参与班级活动的积极性，利用家长多元的专业优势，就能够较好地填补幼儿教师在各领域的盲区，帮助班级完成教育活动。孩子们在部分家长的教导下开展领域学习活动，能很好地调动学习兴趣，班级教育活动的质量也能得到提高。当前，我国各地的幼儿园已形成了家长义工进班级课堂的趋势，常常能在各地的幼儿园看到职业为医生、消防员、警察、运动员的家长进班带孩子开展一些教育活动，这些活动特别受幼儿和教师们欢迎。在这方面，瑞吉欧教育一直走在前列。家长作为志愿者可以在不同方面协助幼儿园对幼儿实施教育，如当医生的家长可以来班级向幼儿讲述保持良好卫生习惯的重要性，从事科学实验工作的家长可以来班级指导幼儿的科学实践活动，向他们普及简单而有趣的科学知识。如华德福幼儿园课程中，家长参与度就很高，在重视传统文化传承的教育理念下，每当遇到重大节日，幼儿家长就会来园协助班级老师共同完成节庆主题的亲子互动教育活动。

通过家园合作，家长参与到幼儿园班级的日常教学中来，不仅能为幼儿教师提供很好的与家长沟通的机会，而且还能增进教师与家长、孩子之间的感情。总之，改变家长的教育观念、提升家长的育儿知识与能力、实现家园教育一致等的最终目标都是为了幼儿身心健康发展。

任务二　幼儿园班级家长工作的原则和内容

一、幼儿园班级家长工作的原则

幼儿园班级家长工作是一项复杂的工作，必须遵循一定原则。

（一）针对性原则

针对性原则有两层含义，一是根据幼儿不同的年龄特征开展工作；二是针对每个家庭的实际情况开展工作。以班级为单位开展的家长工作，一定伴随着鲜明的年龄特征。例如，小班与大班的家长工作应该差异明显。小班初期的幼儿刚从家庭进入集体生活，存在适应的问题，家长也对孩子在幼儿园的生活牵肠挂肚，这一时期，小班教师们与家长们的沟通一般围绕着孩子的情绪、生活事项、健康情况而展开。大班的孩子已经适应幼儿园集体生活了，家长们也基本上不担心孩子在幼儿园班级生活的适应问题，可能会更多地关心孩子的性格品行、学习游戏、智能发展等方面的表现，沟通的内容明显会与小班不同。因此，班级家长工作需要根据幼儿不同的年龄特征，有针对性地实施。另外，不同的家庭情况不同，幼儿的发展有差异，家长的观念和能力也有差异。因此，应针对每个家庭的实际情况，有针对性地进行指导。

（二）实事求是、真情沟通原则

幼儿园作为幼儿教育机构，肩负着培育后代，造福人类的重任，要注意坚持公共关系的真实性。实事求是原则要求幼儿园班级在开展家长工作时，输入、输出信息必须做到真实、全面、公正，如实向社会、家长、幼儿传递信息。

人是有感情的，班级教师在与本班幼儿家长日复一日的家园共育过程中，能增进对彼此的了解，增加合作教育孩子的共情之心。所以在班级日常的家长工作中，教师们要用心地为家长着想，以真情换家长的真心，对全班孩子的家长要公正公平，以赢得大家的信赖和尊重，真正与家长结成教育幼儿的良好伙伴。

（三）持之以恒原则

幼儿园班级的家长工作不是一朝一夕的事，要做到经常化、日常化，养成与家长随时沟通、及时互助的习惯。班级教师从早上接待幼儿入园就开始与家长互动，接送时的简单交谈也是家长工作的形式之一。教师每天将班级的教学内容张贴于门口供家长们了解，向家长们发布信息，有计划开展家长开放日等家庭班级交流活动也属于家长工作内容。幼儿园的家长工作不能只是因偶然事故而发生的教师与家长相互求助的行为，应注意利用一切便利条件，相互联络，随时沟通。

（四）全员工作原则

很多老师认为，与家长沟通是主班教师的职责。其实不然，班级的保教人员都应肩负起这个责任，在主班教师的带领下共同做好家长工作。全员工作原则就是指班级全员都要树立家长工作观念，关注并参与家长工作。树立良好形象、培养家长工作意识是每个幼儿园教职工的职责，每个人都要注意自己的言行，对幼儿和家长负责，建立良好的公关状态，维护幼儿园的良好形象。

（五）计划性与灵活性相统一的原则

与其他所有的管理事务相似，在每个班级开展家长工作，同样要求有目的、有计划。一般以一个学期为周期，参考幼儿园园务计划中的家长工作部分，在与全园的安排不冲突的前提下，各班也应该制订一个简单的家长工作计划，并按照计划有条不紊地逐一落实。当然，除此之外，还有很多日常性的家长工作，需要灵活地开展，即使是计划中的事项，也可能会因大环境的变化而需要调节，所以我们强调既要有计划，也要注意保持必要的弹性，要灵活多样地开展家长工作。

二、幼儿园班级家长工作的内容

幼儿园班级家长工作内容庞杂，涉及范围广，既包括幼儿园主动为家长提供的教育支持与帮助，又包括家长向幼儿园寻求的教育咨询与帮扶。基于家长与幼儿园班级教师是合作伙伴关系，班级的家长工作是一般围绕着双方协作、共同服务幼儿发展而开展一系列活动，班级积极利用家长资源开展幼儿教育，家长主动积极参与幼儿所在班级的教育活动，为幼儿的健康成长提供支持。归纳起来幼儿园班级家长工作的内容主要涉及以下几个方面：

（一）帮助家长树立正确的育儿观念

幼儿园教育是有目的、有计划地培养人的集体教育活动，与家庭教育的个别化养成教育存在很大的差异。家长的知识背景五花八门，部分家长对幼儿教育的认识不足，因而参与幼儿教育的积极性不高，甚至会出现不配合的状况。为了更好地实现幼儿园班级的保教目标，教师应积极向家长宣传正确的教育理念，争取家长的理解和支持。

1. 明确幼儿园教育和家庭教育的关系，帮助家长认识幼儿期家庭教育的重要性

不少家长对幼儿教育，特别是幼儿家庭教育的重要性缺乏认识。有的家长认为“树大自然直”；有的认为孩子幼时主要是长身体，上学才是教育的开始；有的家长只顾挣钱，对孩子的教育不放在心上；还有相当一部分家长认为把孩子送进幼儿园，教育就是老师的事，家长只管孩子的生活就行了。幼儿园和家庭是幼儿生活的两个重要的场所，幼儿园教育和家庭教育在教育形式和教育效果上存在很大的区别，做好幼儿园班级家长工作，必须向家长介绍幼儿园教育和家庭教育的区别，使家长知晓幼儿园教育的独特之处和家庭教育的重要性，做到有的放矢。

幼儿园教育的内容具有基础性、启蒙性等特点，内容涵盖范围广，一般涉及健康、语言、艺术、社会、科学等五大领域。作为幼儿园教育的补充，家庭教育贯彻于个体一生的发展历程，是影响幼儿发展的重要因素。家庭教育一般以潜移默化的方式进行，不受时间、地点的限制，自由灵活，连续性强，教育氛围宽松自由。幼儿园教育和家庭教育是影响幼儿发展的两大教育方式，两者应该互补互促，共同为幼儿的全面和谐发展服务。幼儿园班级教师，必须积极向家长宣传幼儿园教育的优势及其与一般家庭教育的不同之处，获得家长的理解和支持；也要向幼儿家长强调家庭教育在幼儿发展过程中的不可替代性，提高幼儿家长对家庭教育的重视程度；充分利用各种途径，为家长顺利进行家庭教育提供必要的服务，帮助家长解决家庭教育中存在的困惑与问题。

2. 帮助家长树立正确的教育观念，合理看待智力的发展

家教观念决定着家长的教育行为。目前，我国不少幼儿家长在儿童观、发展观、人才观等方面都存在着问题，导致他们对孩子的教育步入了误区，直接影响着家教质量和家园合作教育。比如，不少家长误认为向孩子头脑中灌输大量的知识便是智力开发，让孩子学会一技之长就能成才，并以为这就是早期教育；有些家长忽视幼儿社会性的发展，不重视孩子的性格品德、行为习惯的培养；还有些家长教育观念陈旧，不适应时代发展的要求。因此，要帮助家长端正和更新教育观念，树立使孩子在德、智、体、美各方面全面和谐发展的思想，树立面向未来、从幼儿开始、培养社会主义新人的观念。

教师应积极向家长宣传国家对幼儿园教育的基本主张和幼儿园的教育理念。通过多种形式，向家长宣传幼儿园的办园宗旨、保教目标、游戏化特征、保教结合的特点等，以获得家长的理解与支持，这是幼儿教育工作有效开展的重要保障。思想是行动的先导，家长只有认可并支持幼儿园的教育理念，才会从思想上转变对幼儿园教育的看法，从行动上支持幼儿园及班级组织开展的各种工作。通过此类宣传，逐步降低部分家长对幼儿知识学习方面的关注度，使他们更关注孩子的全面发展。例如，期待家长在接幼儿时，从询问“老师今天有没有教你们新知识?”转变为“今天你在幼儿园玩得开心吗？为什么?”

教师还应向家长介绍幼儿园与班级的文化和特色。家长送自己的孩子进入一所幼儿园，有必要了解该幼儿园的传统、文化和特色。这个工作园长可以做，班级教师也可以做，让家长们了解和熟悉幼儿园的理念、文化、办园特色等，获得家长的认可，既有利于幼儿园班级各种工作的开展，又有利于争取到家长对幼儿园工作的配合支持和积极参与。家园合作，形成教育合力，可以更好地促进幼儿的健康发展。若本班级也形成了一定的班级文化、班级特色，那么更应该向家长们介绍清楚，争取他们的理解，以便于获得家长们的支持和配合。

（二）提升家长的育儿能力

1. 宣传科学的育儿知识

不少家长对孩子的期望过高，但又教育无方。他们不了解幼儿的生理、心理特点，缺乏科学育儿知识。有的家长对孩子娇惯溺爱，有的家长简单粗暴；有的家长对孩子过早地进行定向教育，有的家长不主张孩子玩游戏，认为玩游戏是学不到知识的，他们对幼儿施行小学化、成人化的教育等。向家长宣传有关幼儿身心特点和科学保育、教育的知识，让家长了解教养孩子必须遵循的科学规律，坚持严爱结合、正面教育为主、以身作则以及教育一致性等教育原则。

幼儿园向家长宣传科学育儿知识，并不一定完全是园长、教师或请家教专家讲，家长听。有些家长教育思想端正，教子有方，幼儿园可开家教经验交流会，请他们做介绍或者请这些家长在家长学校讲课，一般来说，他们往往会讲得生动、自然，接近生活，这种“家长教育家长”的方法说服力强，可以收到良好的效果。有的幼儿园还采用专题讨论的方法提高家长的认识，效果也十分显著。

2. 帮助家长为幼儿的健康成长创设良好的家庭环境

要使家长认识到家庭教育，尤其是家庭幼儿教育，从本质上讲是一种环境教育，要重视为孩子身心健康和谐发展创设良好的物质和精神环境。

物质环境指适宜于幼儿发展需要的玩具、图书、活动材料、活动空间等。目前，在物质条件上家长大多数会给孩子购买大量图书、玩具、视听材料等，但往往缺乏选择性；有的家长任由孩子长时间地看电视、玩游戏机；有的家庭装修得非常讲究，现代化设备一应俱全，但却没有一块适合孩子活动的空间，孩子在家里这也不能碰，那也不能动，甚至连玩具也束之高阁，这样的环境就不大利于幼儿的发展。幼儿园应使家长了解，孩子是在活动中发展的，建议家长根据家庭条件给孩子留出活动空间，并为孩子提供适宜的、适量的活动材料。另外，不要总是将孩子长时间地关在家里，应多让孩子到户外去活动，利用双休日和节假日带孩子到大自然中去，丰富知识、开阔视野、陶冶情操、锻炼身体。

家庭的精神环境是由家庭成员的修养，家长的教育观念、教育态度，家庭成员之间的关系以及家庭气氛等组成的。这是关系幼儿身心发展更为重要的方面。在此特别提一下亲子关系问题，亲子关系是指父母和孩子的关系。家长爱孩子并不意味着就是建立了良好的亲子关系，不少家长由于不了解孩子、不尊重孩子，教养态度与教养方式方法不正确或者溺爱孩子等，便不可能为孩子身心健康成长提供有利的氛围，这就需要幼儿园给予针对性的帮助。

（三）鼓励家长参与班级管理

幼儿园班级各项工作的开展离不开家长的理解与支持。因此，通过多种途径吸收家长的意见，改进班级管理的质量，也成为了班级家长工作的重要内容。幼儿家长中不乏教育背景优越、见识广博之人，通过引进家长意见、集中家长智慧，可以让教师们更清楚地了解幼儿家长对教育的诉求，了解本班管理中的问题，从而进一步完善管理行为，提高班级工作管理水平和质量。

1. 参与幼儿园教育活动

幼儿家长参与幼儿园教育活动较为普遍的形式有：在“开放日”来园观摩和参与幼儿园的教育活动；节假日参与幼儿园的亲子活动；参与幼儿园组织的郊游、参观活动以及参加幼儿园的开学典礼、毕业典礼等活动。

有些幼儿园能注意发挥家长的特长，邀请家长参与幼儿园教育活动。如可以请家长中的警察来讲解安全知识，防骗知识，组织幼儿进行安全演练；请医务人员来讲解医疗保健知识等。有些幼儿园能注意发挥家长群体优势，要求家长参与教育活动，与幼儿园配合一致地教育孩子。如某幼儿园持续开展“小博士讲科学”活动，每周一次由小朋友向全班讲述他们的新发现和所获得的新知识。这项活动得到家长热情、广泛的支持和密切配合。这不仅有助于提高幼儿的素质，也有效地提高了家长的科学育儿水平，显示出家长参与幼儿园教育的良好效果。

2. 建立幼儿园家长委员会制度，让家长参与幼儿园管理

提高幼儿园办园水平，是家长最为关心的。对于改进幼儿园的教养工作，提高保教工作质量，家长最有发言权。因此，幼儿园应让家长参与管理。家长委员会是家长参与管理的一种重要形式。《规程》第五十四条明确规定“幼儿园应当成立家长委员会”，同时指出家长委员会的主要任务是：帮助家长了解幼儿园工作计划和要求，协助幼儿园工作；反映家长对幼儿园工作的意见和建议，协助幼儿园组织交流家庭教育的经验。

家长委员会作为家长与幼儿园联系的纽带，在疏通家园信息渠道方面能发挥巨大的作用，使家长更加了解幼儿园的教育计划和要求，使幼儿园随时能了解家长的意见和建议，这对提高幼儿园管理水平和保证管理质量也是十分有利的。

3. 支持与参与幼儿园环境创设的各项活动

幼儿园在创设环境时，小至建立自然角，大至美化、绿化全园环境，都可请家长积极支持和参与，这样往往能收到很好的效果。如某一幼儿园家长委员会的一名成员是该市植物园的负责人，近年来为幼儿园绿化做了大量的工作，使该园四季常青，鲜花盛开。孩子生活在这样优美的环境中能够更加健康愉快地成长。另外，幼儿园组织参观游览等活动，家长也可予以大力支持，如可联系场地、提供车辆等。

4. 畅通家长意见的反馈渠道

幼儿园班级家长工作的最终目标是利用家园合作共同促进幼儿发展。畅通家长意见的反馈渠道，吸纳家长意见改进班级教育工作，是幼儿园班级家长工作的内容之一。吸纳家长的建设性意见既可以改善班级管理中存在的不足，又可以调动家长参与幼儿教育的热情与积极性。当前，家长与教师沟通信息的渠道是多元化的，如可通过电话、QQ 群、微信群、幼儿园网络平台、来园和离园时的交谈、家园联系册、家访、家长会、借助家长委员会等进行沟通。幼儿园班级管理者应保持这些渠道的畅通，全方位听取家长的建议，发挥家长在班级管理工作中的重要作用。班级教师不仅要灵活、综合地运用多种信息沟通方式，还要创新方式，畅通家长意见反馈渠道，广纳家长意见和建议，改进班级管理的质量。

(四) 服务家长，针对有需要的家庭提供必要的帮助

为家长服务，是幼儿园的双重任务之一，对本班存在困难或需要帮助的家长提供必要的帮助，是幼儿园班级教师的经常性工作内容。我国幅员辽阔，各地区经济发展

水平、人文观念存在差异。许多地方存在大量的留守幼儿家庭、随迁幼儿家庭和其他的弱势群体幼儿家庭。这些幼儿家庭背景复杂多样，仅仅依靠家长自身的教育力量，难以取得预期理想的幼儿教育成效。针对此种情况，幼儿园班级管理者应积极发挥幼儿园对幼儿教育的主导作用，本着平等和尊重的原则为需要帮助的家庭提供必要的帮扶。例如，可发动家长进行结队帮扶，招募志愿者开展有效的志愿者服务，让教师开展精准个别照顾等。可由志愿者针对本班的留守儿童给予长期的关怀与照顾，日常生活中定期组织志愿者到留守儿童家中进行家访，了解其困难和疑惑，及时给予解答和帮助。在重大节日、幼儿生日等有特殊意义的日子，对他们表示特别的关心，尽量减少因父母陪伴的缺失带给他们的不良影响。又如，对需要心理疏导的幼儿，教师可以密切与其家长联系，向家长直接提出就医检测等要求，教师本人积极参与疏导，可有效地帮助家长解决各种教育难题。当然，幼儿园的力量有限，还可以争取社区的支持，共同为特殊家庭服务，为这些家庭的孩子创造一个良好的成长环境。

任务三　幼儿园班级家长工作的方式

我国幼儿园管理实践中，开展家长工作的具体方式是多种多样的，概括起来大致可以分为集体方式和个别方式两大类，但随着时代的发展，也有了很多创意的家长工作途径。

一、集体的家长工作方式

幼儿园家长工作的集体方式是指针对幼儿家长群体开展工作的方式。幼儿园家长工作中的集体方式有其重要意义，它可以弥补个别方式一对一、范围小的不足，在面对家长集体开展工作时，针对带有共性的问题，可以提出统一要求，布置统一任务，收到大面积解决问题的效果。常用的集体家长工作方式有以下几种：

（一）组成家长委员会

幼儿园应善于发挥家长组织的作用，调动广大家长的积极性，支持、协助幼儿园各项工作。可以从家长中选派代表组成家长委员会，作为幼儿园与家长联系的桥梁。这样一方面可以及时听取家长有代表性的意见或建议，另一方面又可以加强家长之间的联系，帮助幼儿园做好家长工作。家长委员会应当成为民主管理幼儿园的一种组织形式。现今各地幼儿园家长委员会模式已十分成熟，在这种背景下，班级也兴起设立班级家长委员会或家长工作小组，协助班主任开展家长联系工作，从而形成完善的组织网络。班级的家长委员会应积极参与班级的管理，与班主任共同商议工作计划，并监督执行，对各项工作起监督协助作用。此外，还可以以家长委员会的名义定期或不定期地举行各种活动，如开展有关教育问题的研讨会、家教经验交流会、好书目推荐活动，安排有意义的团体活动等，也可以组织和利用家长资源，帮助班级解决一些具体问题。

（二）召开家长会

家长会是幼儿园普遍采用的一种家长工作方式。家长会大多是教师向家长报告工作计划、教育目标，汇报教育成果及向家长提要求等。在规模上，家长会分全园性的和分班召开两种形式。一般来讲，除了全园性活动需要面向全体家长外，大多数情况下，以分班召开家长会为宜。因为它更具有针对性，便于听取家长的意见和要求，便于教师与家长共同探讨幼儿发展与教育中的问题，从而形成双向交流。在时间上，除了学期初和学期末定期召开家长会外，平时各班可根据情况和家长要求，举行不定期的家长会，具体内容也可以多种多样。在形式上，家长会应不拘一格，若能开得生动活泼，往往效果更好。针对幼儿园家长会的实际情况，当前应注重研究如何提高家长会的实际效果，并且幼儿园老师应该精心准备家长会的内容，不要只是把家长会当作完成幼儿园任务的一项工作。

（三）举办家长开放日和亲子活动

家长开放日和亲子活动是班级定期或不定期对幼儿家长开放，家长可以观摩或参与的教育活动。家长通过参与开放活动，可以了解幼儿园的办园理念和教育理念、幼儿园的物质环境和精神氛围、幼儿园的教育模式和教育特色以及班级教师的教育行为等。同时，该活动也有助于家长将自家孩子的发展状况与班级中其他幼儿进行横向比较，全面了解和把握孩子的发展水平，并采取适宜的教育措施。目前，家长开放日和亲子活动的主要形式有：观摩半日活动，如学习活动、生活活动、运动活动、游戏活动等；观看幼儿演出，如迎新活动、六一联欢等；亲子互动活动，如亲子游园活动、亲子趣味运动赛、亲子才艺秀等。

（四）建立家园联系栏

家园联系栏是每个班级根据本班具体情况自行操办的。班级宣传栏的内容主要是介绍本月或本周班级活动计划、教养内容，以及近期幼儿的成长与进步情况，还可介绍幼教新观念、新理论，家教好经验，保健小知识等，文章一般应短小精悍，可由教师编写，也可从报刊摘录剪贴。家园联系栏还可张贴家长的意见和要求。家园联系栏一般设在家长接送幼儿必经的地方，内容要经常更换。

（五）网站、微信公众号等网络途径

目前，大部分幼儿园都会通过网络方式开展家长工作，如面向全园家长的网站、微信公众号，还有各班自己的 QQ 群、微信群。幼儿园应该创办自己幼儿园的微信公众平台，利用平台及时发布幼儿园的重要事件以及一些好的家庭教育或者家园合作的案例。家长通过浏览这些推送消息能知道幼儿园的办园理念和教育活动，同时也可以学习家庭教育的方法，更新自己的教育观念，从而潜移默化地进行家园互动，实现家园共育。

教师在班级 QQ 群和微信群中可分享本班近期教育目标，需要家园合作的教育内容、孩子的发展情况与一些有针对性的家教指导性文章等，方式应生动活泼，能吸引家长，文章、资料要短小精悍且易读，可由教师编写，可摘录家教报刊上的内容，也可以由家长提供。幼儿园教师要坚持定时更新班级内容，如公布教学活动计划，把每个幼儿的作品，生活、学习时的照片放在网上，让家长能更直接了解幼儿的情况。同时教师也要通过这一途径发布涉及幼儿园的管理、教学、卫生保健工作的调整通知。

（六）家长课堂

家长课堂是幼儿园组织的一种家长教育家长的有效方式。幼儿家长中不乏一些教子有方的家长，请他们现身说法，谈认识、谈家教经验一般都会很生动、实际，说服力强，具有可操作性。幼儿园教师应善于发现家长的家教好经验、好典型，如培养孩子独立性及良好行为习惯方面的经验，教育孩子关心老年人的经验，以及如何做好祖辈工作，实现家庭成员对孩子教育一致性的经验等。这样的交流可以是幼儿园有目的、有计划地组织进行的，也可以创造条件让家长面对面地个别交流。如有的家长在培养孩子独立生活能力时束手无策，教师可请一位重视并善于培养孩子独立生活能力的家长与他谈自己的经验体会，一般来说，都能取得较好的效果。

二、个别的家长工作方式

个别方式是指幼儿园教师与幼儿家长一对一地联系并开展工作的方式。个别方式具有重要的意义，它对于密切家园联系、实现家园同步、共同教育好幼儿有着重要的作用。每个幼儿都有自己的个性特点，家庭情况、家长的教育观点与方式也各不相同，教师必须针对每个幼儿和每个家长的具体情况，有针对性地开展工作。同时，由于个别方式是一对一进行的，形式简单，便于操作，对时间、场所没有太多的要求，更容易适应家长的不同要求，具有很强的随机性和灵活性，只要教师和家长双方达成一致，即可随时开始。家长工作个别方式的具体形式有以下几种。

（一）家访

家访是家园联系的重要方式，是实现家园同步教育必不可少的环节。家访又包括幼儿入园前的访问与幼儿入园后的访问。幼儿入园前家访的目的主要是了解幼儿及其家庭的状况，便于以后有针对性地对幼儿进行教育及做好家长工作。幼儿入园后的家访有定期家访和临时家访两种。定期家访是指教师在固定的时间（如每学年或每学期）对幼儿家庭所做一次普遍的访问。临时家访则视需要和教师的时间而定。通过幼儿入园后的家访，教师可进一步了解幼儿家庭情况，可与家长共同研究幼儿发展中的问题，共同商量对策。

家庭访问常在下列情况下进行：

1. 对新入园幼儿的家庭访问。应使幼儿在入园前，先认识教师并建立初步的情感，留下良好的印象，这样幼儿入园后就比较容易认定教师，愿意离开家人在幼儿园生活。教师还可以调查幼儿在家中的生活、卫生习惯，以便有计划、有步骤地引导幼儿适应幼儿园的集体生活规则。如果教师不能对所有新入园幼儿普遍进行家庭访问，可根据幼儿体检表和家长登记材料，重点选择体质较弱、从未离开过家或家庭结构特殊的幼儿先访问，对其余幼儿则在入园后一个月内尽快完成家庭访问。

2. 当幼儿偶发疾病，或者意外事故，或者发现幼儿有严重的行为问题时，必须立即进行专题的家庭访问。教师应向家长详细介绍事情的经过，以亲切负责的态度，安定家长的情绪，讨论和寻找解决问题的办法。向家长谈及幼儿的缺点时，也要肯定幼儿的优点，并共同研究采取有针对性的教育方法等。

3. 家园共育较好。幼儿有明显进步时，需要通过家庭访问帮助家长总结经验，以便推广经验。

4. 当幼儿家庭发生重大变故，需要给予幼儿安慰和协助时，或幼儿长期缺席时，教师可通过家访了解原因。

5. 家长对子女教育方法不当或者教养态度有严重问题，需要给予帮助、促使其改进时，教师也要适时地进行家庭访问。

每次家庭访问前，教师事先要有简略的计划，选择适当的时间，有时可以让幼儿在场参加谈话，以便观察幼儿在家的表现和家长对幼儿的态度；有时可利用幼儿不在场的时间，以便和家长认真谈论幼儿的优缺点，研究分析改进教育的途径和交流情感等。教师应做简单的家访记录，如果当面记录会影响和家长谈话的效果，可等到回园后再追忆。经常性的家访记录可作为教育工作的参考，有利于提高教育工作的质量。

（二）个别谈话

个别谈话是最简便、最经常、最及时的家长工作方法。教师可以利用家长到园接送孩子的时间与家长交谈孩子的相关情况，向家长反映问题，提出要求，商讨解决的方法。这种谈话时间比较短，因此，内容不宜过多，必要时可以另约时间做较长时间的谈话。对这种有明确目的事先约定的个别谈话，教师均应事先做准备，包括汇集、分析有关孩子发展的材料，准备提出的问题及解决问题的初步设想。在交谈时，教师不仅要态度诚恳，还应该设法营造宽松的氛围，使家长消除思想顾虑，轻松地参与交谈。

教师还可以对个别家长进行约谈，约谈是指教师有目的地预约个别家长进行谈话。约谈的内容多为幼儿的个别情况，也可以是个别家长方面的情况，如家长对教师有误会或不满意等。当然更多情况下约谈针对的是个别幼儿在园的特殊表现，老师认为需要与家长当面细致交流，分析原因，寻求解决之道。邀请家长来园面谈是一种比较正规的有一定深度的交谈。一般来说这种方式不宜频繁使用，只有在幼儿在班级中出现了较严重的问题时才使用，如幼儿在一个阶段频繁地产生攻击性行为、心理健康问题等情况下可采用约谈的方式。这种交谈有明确的中心内容，虽然主要是谈问题，不过出于正面教育的原则，大多数教师会先向家长汇报这一阶段幼儿的发展、进步情况，再转向谈主题——出现的问题，并听取家长的看法，与家长共同分析原因，商讨今后配合教育的措施。

（三）发放家园联系册

发放家园联系册是实现家园联系的一种有效形式，它可以弥补家长因工作繁忙不能与教师经常交谈的不足。家园联系册灵活方便，传递信息及时，家长可从联系册中得知幼儿取得的进步或存在的问题，以及幼儿园对家庭教育提出的具体要求等。教师可以从联系册中获得幼儿园教育效果的反馈信息，了解幼儿在家中的表现，并了解家长的意见和要求等。教师与家长可通过家园联系册沟通思想，加深相互了解，在教育上取得共识。所以，家园联系册的内容应围绕具体的教育目标来写，应具体并有针对性，不要宽泛，不能写成流水账，要注重反映幼儿的变化与出现的新情况。幼儿教师还可以针对不同的对象书写家园联系册。如果是针对幼儿写，既可以针对每个幼儿特定的个别问题写，如幼儿的自身情况，也可以针对幼儿共同存在的问题写，如每周的学习目标、幼儿身上普遍存在的问题等。如果是针对家长写，则可以根据不同家长的情况写一些具体的建议，对推卸教育责任的家长及时给予告诫，对认真负责的家长给予赞扬与鼓励等。同时，使用家园联系册还应注意要随时写，使家园联系册真正起到联系作用，而不是只在学期初或学期末才使用家园联系册。

通过家园联系手册，教师还可以发现家庭教育中值得注意的问题。比如，在某班的家园联系手册上，家长向教师所反馈的大都是孩子知识技能方面的进步与问题，对于孩子的性格、行为习惯方面问题却很少关注。这就是一种十分重要的信息，教师通过分析、研究家园联系册，可以设法端正家长的教育思想。

（四）通过电话、网络交流

少数幼儿家长工作流动性大，长期在外出差或外出学习等。教师可以采用电话形式适时向家长汇报幼儿的情况。这种做法不仅能拉近家园关系，同时也能督促在外地的家长关注幼儿的发展并做好教育配合工作。由于现在人们生活方式的信息化、网络化，所以家园联系方式也应该跟随信息化的脚步。教师可以将 QQ、微信这两个工具很好地应用起来。教师可以上网与家长互通信息，使家园联系更加快捷、频繁。教师可以利用 QQ 留言向家长汇报幼儿的成长情况。这种做法不仅能密切家园关系，往往也能使一些不在孩子身边的家长仍能关注孩子的发展，起到配合教育的作用。

三、创意家长工作途径

除了上述常规的集体和个别家长工作方式外，随着时代的发展，出现了很多新的创意家长工作方式，我们将列举几种供大家参考，大家有也可以根据本园、本班的实际情况创造性地开展家长工作。

（一）家长义工

幼儿园引进家长义工，首先要健全他们的组织，保证家长义工工作的顺利进行。例如，家长义工比较多的幼儿园可以成立家长义工委员会，让委员会和幼儿园共同制订家长义工章程。其次，可开展丰富的活动以增强家长义工活动的时效性。幼儿园可以利用幼儿家长资源多、特长多的特点开展一些特色课程，如戏剧、舞龙、编织、剪纸等传统特色课程，种植、烹饪、养殖等兴趣特长类课程。由教师指导家长组织幼儿进行特色活动，通过这些特色活动让家长义工广泛地参与到幼儿的教育教学工作中。最后，通过多方指导让家长义工的工作规范有序。幼儿园可以借助家长学校活动对家长义工进行专门的指导，通过特色社团活动进行特色活动的教、学、练，也可以开展“菜单”式小课题研究等有效指导家长义工工作。幼儿园班级招募家长义工，让家长直接参与幼儿园的工作，可以节约幼儿园的人力资源，有利于幼儿教育工作的透明化，也提升了家长对幼儿园的认同感，还可以赢得家长对老师工作的理解和支持，从而达到家园共育的目的。

（二）家长工作坊

工作坊是指以某个领域富有经验的主讲人为核心成立的团体，该团体一般有 30～40 名成员。该团体在主讲人的指导下通过活动、讨论等多种形式，共同探讨某个话题。它强调团体活动与深度体验，是在平等、民主、真诚、合作、共情的基础上进行的交流活动。幼儿园开展家长工作坊活动的目的是根据家长们的兴趣、爱好及特长，通过体验式、参与式、互动式的活动模式，相互交流，相互促进。家长工作坊的流程为：发现问题，确定主题—面对问题，积极准备—讨论问题，情感体验—解决问题，交流分享。在幼儿园中引进“工作坊家长会”适应了时代发展的需要，它是一项创新的家长工作方式，对学校的管理、教师的教育是一种考验，也是实现家长有效参与学校教育的一个契机。

（三）以家长资源为主的班级特色活动

家园沟通的根本目的在于充分利用家长资源，实现家园互动合作共育。这是幼儿园家长工作的出发点和归宿。在开展班级主题教育活动时，幼儿园就应该很好地利用家长资源，让家长参与教育活动，协助完成教学任务。可以利用节日、季节、家长资源等因素，让家长带着幼儿走出幼儿园去体验社会生活，感受季节变化，体验人文文化。例如，某幼儿园在中秋节的时候利用家长资源开展“快乐的中秋节”活动。幼儿园老师带领幼儿去本班一个幼儿家长开的超市去体验生活。老师把幼儿扮成老板、员工、顾客、路人四种角色去开展活动，体验中秋节的气氛和文化内涵。家长在一旁指导幼儿如何选购中秋节的商品，如何区分不同价位商品的差别，如何进行收钱等。每一项活动都可以让幼儿体会到工作时应一丝不苟，体会到父母的辛苦付出，通过这一活动幼儿能懂得合作、理解、感恩。在各班的展示台上，也可以展示由家长和幼儿共同完成的作品，如家长和孩子利用生活中无毒害的废旧物品制作的小玩具模型。家长的参与加深了家长与幼儿之间的感情。孩子的家长来自各个行业，有的家长有着较高的文化水平和丰富的阅历，让家长发挥各自的专长参与幼儿园的教育活动，可以使他们深层次地了解幼儿园并配合幼儿园的工作。

知识拓展

8-1 家访记录表

8-2 幼儿特殊教育记录

实战演练

1.【2021下《保教知识与能力》·单选】教师和家长进行沟通的根本目的是（　　）。

A. 让家长了解幼儿在园的表现　　B. 了解幼儿在家的表现

C. 家园合作形成教育合力　　D. 是园长给的任务

2.【单选】《幼儿园教育指导纲要（试行）》强调幼儿园与家庭是（　　）。

A. 合作伙伴关系　　B. 指导与被指导关系

C. 教育者与被教育者的关系　　D. 行政关系

3.【单选】幼儿园应当成立家长委员会。家委会的主要任务不包括（　　）。

A. 对幼儿园重要决策和事关幼儿切身利益的事项提出意见和建议

B. 帮助家长了解幼儿园工作计划和要求，协助幼儿园开展家庭教育指导和交流

C. 发挥家长的专业和资源优势，支持幼儿园保育教育工作

D. 定期召开家长会议，并接待来访和咨询的家长

4.【单选】某园固定每周一下午，由幼儿园分管领导负责解答来访家长的问题，听取家长的意见和建议。这种幼儿园与家长互动沟通的方式是（　　）。

A. 家长会　　B. 家长学校　　C. 家长开放日　　D. 家长接待日

5.【单选】幼儿园家长工作中最快捷、最灵活的沟通方式是（　　）。

A. 电话联系　　B. 入园和离园　　C. 家园联系手册　　D. 家访工作

6.【简答】幼儿园班级家长工作的原则有哪些？

7.【2016 下《保教知识与能力》·论述】父母陪伴对幼儿健康成长有何意义？

8.【材料分析】涵涵是小班的孩子，虽然他在班上年龄偏大，但他的自理能力却很差，进餐的时候不能够正确使用小勺，以致于总是弄得桌子上、地上、衣服上面有很多米饭粒。涵涵每次在幼儿园大便后就会喊：“老师，我拉完了，我不会擦屁股。”要不就说：“老师，我妈妈还没教我擦屁股呢。”户外活动前自己也不会穿衣服，午睡前自己脱衣服、叠衣服都十分的困难，每次都说：“老师，我不会！”“老师您帮我！”于是老师们只能一次次地对涵涵进行指导与帮助。看到孩子的这些表现，老师就与涵涵的家长进行了沟通。经沟通了解到涵涵是家里的独生子，长辈（爷爷、奶奶、姥姥、姥爷、爸爸、妈妈）对孩子十分的疼爱，怕孩子自己吃不饱、吃得太慢，就急于去喂孩子吃，怕孩子把大便弄到身上就帮孩子擦，怕孩子衣服穿着不舒服家长就给孩子穿，就这样孩子的一切全部由成人包揽，孩子养成了事事都依赖成人的坏习惯。请问如何从家园共育的角度真正帮助涵涵养成自我服务能力？

项目八
知识拓展及实战演练答案

项目九

幼儿园保教人员的自我管理

项目九
微课视频

学习目标

知识目标	了解幼儿园保教人员的基本职责和要求，熟悉《幼儿园教师专业标准》的内容。
技能目标	能够按照《专业标准》的内容做好自我管理，从专业的认知、理念、要求和行动四个方面提升自己。
素质目标	树立积极正确的教师观和发展观，提升自身专业素养，将“四心”和“五勤”贯彻到工作中。

思维导图

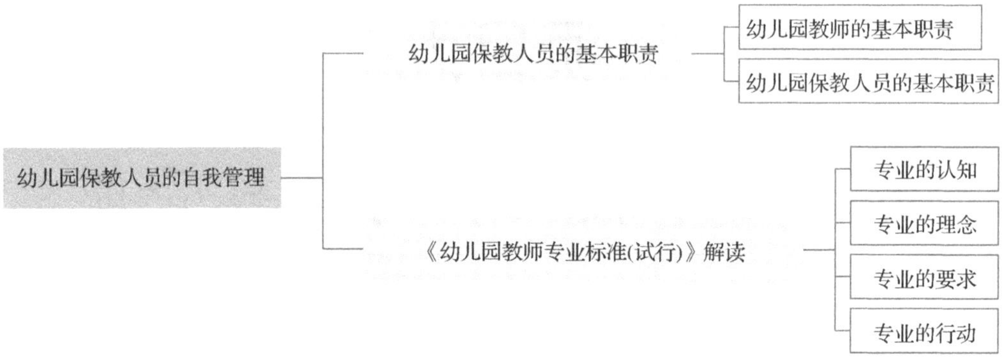

案例导入

教师要把整个心灵献给孩子

军军是个大班的孩子，去年9月转到了我们幼儿园。在以前的幼儿园里，军军可以说是“打遍天下无敌手”，班上的小朋友和老师都是他攻击的对象，所有人都拿他没办法，军军的爸爸妈妈也很无奈，不知道用什么方法来管他。

军军刚来我们幼儿园的时候还是和以前一样，稍有不顺心就会发脾气，经常大声喊叫，有时还会打人，攻击性非常强。一般这种情况下老师都会很生气，可能会以暴制暴，直接就批评军军。我没有这样做，我想到苏霍姆林斯基的做法，我先把军军和其他小朋友分开，慢慢安抚他的情绪。一开始，他也是不接受我的，完全听不进去我说的话，但我就是不跟他着急，依然很关心他，耐心地问他：“刚刚发生了什么事情？是他先惹你还是你先惹他？你是怎么做的？你觉得还有什么更好的方法来解决这件事？”他不回答我的时候我就帮他说出一些答案和解决方法，慢慢地军军愿意跟我交流了，有什么事情他都会跑来告诉我，我看到了军军的改变，觉得自己的努力没有白费。

其实，军军是个很可爱的孩子，他虽然自控力比较差，但社会性却发展得很好，他其实非常愿意跟人交流，他经常会跟我讲爸爸妈妈带他去哪儿玩了，发生了什么事情。经过将近两个学期的努力，军军在我们幼儿园再也没有打过老师，而且对老师非常有礼貌，每天早上入园和下午放学都会跟每个老师打招呼。而且，现在他也很少攻击小朋友了，会主动参与到集体活动中，如果发生了不如意的事，他虽然还是会发脾气，但在老师的引导下能控制住自己不通过一些破坏性的行为来发泄，老师跟他讲道理也能讲通了，这就是我把整个心灵献给孩子之后孩子发生的改变，我还会继续坚持下去的。

任务一　幼儿园保教人员的基本职责

《幼儿园工作规程》和《幼儿园管理条例》指出，教师和保育员是幼儿园班级管理的主要承担者。教师全面负责幼儿园班级保教工作，主要从事班级教育教学活动。保育员主要为幼儿的生存与发展提供必需的、良好的环境，给予幼儿精心的照顾和养育，关心幼儿身体机能的发育和心智健康发展，并逐渐提高其生活自理能力。此外，保育员还要配合本班教师组织教育活动。

一、幼儿园教师的基本职责

根据2016年修订的《规程》第二十五条和第四十一条之规定，幼儿园主、配班教师主要负有以下工作职责：

根据2016年修订的《规程》第四十一条之规定，幼儿园主、配班教师主要负有以下工作职责：

1. 观察了解幼儿，依据国家有关规定，结合本班幼儿的发展水平和兴趣需要，制订和执行教育工作计划，合理安排幼儿一日生活；

2. 创设良好的教育环境，合理组织教育内容，提供丰富的玩具和游戏材料，开展适宜的教育活动；

3. 严格执行幼儿园安全、卫生保健制度，指导并配合保育员管理本班幼儿生活，做好卫生保健工作；

4. 与家长保持经常联系，了解幼儿家庭的教育环境，商讨符合幼儿特点的教育措施，相互配合共同完成教育任务；

5. 参加业务学习和保育教育研究活动；

6. 定期总结评估保教工作实效，接受园长的指导和检查。

二、幼儿园保育员的基本职责

根据《规程》第四十二条的规定，幼儿园保育员需要配合主、配班教师全面负责幼儿的保育工作，其基本职责概括如下：

1. 负责本班房舍、设备、环境的清洁和消毒工作

幼儿园保育员须在卫生保健人员和本班教师的指导下，严格执行幼儿安全、卫生保健制度，确保入园幼儿安全。保育员必须保持用具清洁整齐，严格执行幼儿园安全、卫生保健制度，确保入园幼儿的安全和健康。具体工作包括：（1）每天定时冲洗厕所，做到厕所沟槽内无污垢，保持厕所清洁、无臭味；（2）严格执行消毒制度，对地面、桌面、水杯、毛巾等做好每日一小消毒，每周三大消毒，每周五彻底消毒的工作；（3）夏天应做好防暑降温和防蚊、蝇工作，保证开水供应，每天清洁凉席；冬季要做好防寒防冻保暖工作，定时拆洗和翻晒幼儿的被褥、枕套；（4）定期清洗、消毒玩具等，保持其清洁。保育员的清洁卫生与安全防护工作，能够为幼儿创造一个安全、清洁的环境，是幼儿健康成长的保障，是幼儿园开展各项工作的重要前提。

2. 在教师指导下，科学照料和管理幼儿生活，配合本班教师组织教育活动

保育员须管理好本班幼儿的生活，做好幼儿生活的护理工作，确保幼儿在幼儿园内心情愉快地生活、学习、健康成长。此项工作的核心是认真培养幼儿的自理能力，培养幼儿的生活常规意识。幼儿生活管理工作，直接关系到幼儿良好的生活习惯的养成和自我服务能力的提升。要将幼儿在生活自理、保护自我、爱护环境、与人交往等方面的良好行为转化为幼儿的活动常规，让幼儿养成习惯。

保育员还应与教师一起做好教育活动的各项准备工作，如协助教师制作教具、玩具等。在一日教育活动中，保育员应积极主动配合教师，及时发现教师工作中的不足并给予弥补，确保保教互补，提高教育质量。

3. 妥善保管幼儿衣物和本班的设备、用具

幼儿园保育员应妥善保管幼儿衣物，对本班的设备、用具等进行登记、造册，在幼儿离园后应及时检查，将物品归位，并熄灯、断电、关好门窗、落好锁；还应注意爱护幼儿园的一草一木，节约用水用电，争做幼儿园模范员工。

任务二　如何成为一名优秀的幼儿园教师
——《幼儿园教师专业标准（试行）》解读

幼儿园保教人员是对幼儿实施保育和教育职责的专业技术人员，需要具有一定的专业素质，具备良好的职业道德与态度及专业的教育知识和技能。

一、专业的认知

长期以来幼儿园教师被看作是“半专业”或“非专业”的职业。人们对幼儿园教师存在以下几个误解：(1) 专业门槛低。很多人认为幼儿园教师谁都可以当，从业人员素质参差不齐，缺乏专业标准。(2) 社会声望低。很多人认为幼儿园教师就等同于保姆或者阿姨。(3) 专业期望值低。很多人认为幼儿园教师只要会带孩子唱歌跳舞做游戏就可以了。(4) 收入低。幼儿园教师的收入水平不高，可工作也并不轻松，这也导致虽然很多高校开设了学前教育专业，但还是面临着流失率高和不好招人的困境。

要想成为一名优秀的幼儿园教师，首先必须对幼儿园教师这个行业有一个专业的认知。专业具有以下几个特性：具有特殊价值和不可替代性；具有特定的专业知识、专业技能和专业伦理；需要专门的培训和持续发展；具有专业自主性。

随着时代的进步，教育在不断向前发展，而作为大教育体系中的学前教育也需要相应的发展。学前教育的发展不仅需要建设一批坚实安全的幼儿园，更需要建设一支师德高尚、业务精良的幼儿园教师队伍。要想提升学前教育质量，关键与核心便是教师队伍质量的提升。为促进幼儿园教师专业发展，建设高素质幼儿园教师队伍，根据《中华人民共和国教师法》，教育部 2012 年颁布了《幼儿园教师专业标准（试行）》〔2012〕1 号文件（以下简称《专业标准》）。

《专业标准》是这样定义幼师这个专业的：“幼儿园教师是履行幼儿园教育教学工作职责的专业人员，需要经过严格的培养与培训，具有良好的职业道德，掌握系统的专业知识和专业技能。”《专业标准》的出台为幼儿园教师正了名，承认幼师是专业人士。要想成为优秀的幼儿园教师，首先必须对自己的专业有一个正确的认知。

二、专业的理念

《专业标准》提出了十六个字的基本理念，分别是师德为先、幼儿为本、能力为重、终身学习，理念的顺序很重要。

(一) 师德为先

职业道德，即师德，是幼儿园教师最基本、最重要的职业准则和规范，每一位教师在工作中都必须秉持“师德为先”的理念。自 2010 年浙江温岭幼儿园教师颜某虐童事件曝光后，喂药、猥亵、虐童等伤害幼儿的事件被频频曝光，部分幼师职业道德低下问题引人深思。

教师不仅要将知识传授给学生，还应用心灵影响心灵、用灵魂塑造灵魂，用个人魅力去引导学生，帮助学生人格健康发展。优秀的幼儿园教师首先应具有崇高的职业道德和高尚的人格，按《专业标准》的要求，要“热爱学前教育事业，具有职业理想，践行社会主义核心价值体系，履行教师职业道德规范，依法执教。关爱幼儿，尊重幼儿人格，富有爱心、责任心、耐心和细心；为人师表，教书育人，自尊自律，做幼儿健康成长的启蒙者和引路人”。

(二) 幼儿为本

幼儿是学前教育的中心，作为幼儿园教师，必须把幼儿作为工作的出发点和落脚点，幼儿园教师所做的一切工作也都是为了促进幼儿的全面和谐发展。可以用两个凡是来总结：凡是对幼儿身心发展有利的事情，放心去做；凡是对幼儿身心发展不利的事情，坚决不做。具体来说，要做到“尊重幼儿权益，以幼儿为主体，充分调动和发挥幼儿的主动性；遵循幼儿身心发展特点和保教活动规律，提供适合的教育，保障幼儿快乐健康成长”。

(三) 能力为重

幼儿园教师是一个专业的职业，优秀的幼儿园教师不能仅有思想觉悟，还要具备相应的能力。《专业标准》指出：“把学前教育理论与保教实践相结合，突出保教实践能力；研究幼儿，遵循幼儿成长规律，提升保教工作专业化水平；坚持实践、反思、再实践、再反思，不断提高专业能力。”

(四) 终身学习

中国有古话“活到老学到老”，而联合国教科文组织也在 1965 年提出“终身教育”这一术语。优秀的幼儿园教师应该“学习先进学前教育理论，了解国内外学前教育改革与发展的经验和做法；优化知识结构，提高文化素养；具有终身学习与持续发展的意识和能力，做终身学习的典范”。

三、专业的要求

依据十六字理念，《专业标准》从“职业理解与认识”入手，到“反思与发展”，分十四大领域，对幼儿教师提出了六十二条基本要求，非常具体明确，概括起来主要有以下六个方面：

(一) 具备良好的师德修养与专业态度

幼儿园教师的教育对象是身心发展迅速、可塑性大、同时特别容易受伤害的幼儿，故保教人员要具有高尚的师德、良好的职业品德修养，富有爱心、责任心、耐心和细心，热爱幼儿，并给予幼儿精心的呵护和教育培养。同时要求幼儿园教师具有广博的通识知识，以满足幼儿多方面探究兴趣和多方面发展的需要，引导幼儿了解丰富多彩的客观世界。教师对幼儿的态度和行为包括教师关注幼儿的时间、方式、内容、态度，以及对幼儿需求的回应。幼儿园教师对自身专业的态度和行为包括工作态度及其在教育教学活动中表现出来的各种行为，如材料准备、活动设计、活动过程、活动反思、常规管理、突发事件处理、危机敏感度等。幼儿园教师不仅应做好活动设计和准备，而且应管理好班级教育活动和日常活动，尤其要做好危机处理工作，对学前教育事业抱有长久的热情。《专业标准》明确规定幼儿园教师必须“贯彻党和国家的教育方针政策，遵守教育法律法规”“热爱学前教育事业，具有职业理想和敬业精神”。幼儿园保教人员必须重视自身日常态度、言行对幼儿发展的重要影响与作用，做到为人师表。要衣着整洁得体，语言规范健康，说话和气，待人热情，举止文明礼貌；特别要做到尊重幼儿人格，维护幼儿合法权益，平等对待每一个幼儿，不讽刺、挖苦、歧视幼儿，不体罚或变相体罚幼儿。在幼儿面前，教师必须谨言慎行，不可张扬、放肆，禁止说粗话、痞话；坚守工作岗位，尽职尽责，做好本职工作；作风正派，廉洁奉公，拒绝收取家长红包。“幼儿为本、师德为先”是《专业标准》对于幼儿园教师职业意识的主要要求，作为一名专业的幼儿教师，理应本着热爱教育、关爱学生和一心向教的敬业精神来教书育人。《专业标准》规范了幼儿园教师的职业准则，要求每一位教师都必须做到热爱学前教育事业、关爱尊重幼儿，履行教师职责，自觉成为幼儿健康成长的启蒙者和促进者。幼儿园教师应重视自身道德素质的培养，不断强化职业道德意识，真正做到“干一行、爱一行、专一行”。

（二）关爱幼儿生命与健康

近年来，我国发生多起幼儿意外伤亡的惨剧，幼儿的安全问题已成为国民关注的焦点。孩子的安全和健康关系到千家万户的欢乐和幸福，关系到国家和民族的兴旺。家长把孩子交给幼儿园，也就是把他们的希望、把祖国的未来托付给幼儿园，如果由于工作的疏忽导致幼儿在园内出现意外，幼儿园是没法向他们交代的，更没有办法向社会交代。因此，幼儿园保教人员必须高度重视幼儿生命与健康，充分考虑幼儿发展的身心特点和社会对幼儿安全与健康的热切关注。《专业标准》明确提出了高度重视幼儿生命与健康的要求。例如，基本内容中的第六条规定幼儿园教师要“关爱幼儿，重视幼儿身心健康，将保护幼儿生命安全放在首位”；第二十九条要求幼儿园教师“熟知幼儿园的安全应急预案，掌握意外事故和危险情况下幼儿安全防护与救助的基本方法”；第四十三条规定幼儿园教师必须“有效保护幼儿，及时处理幼儿的常见事故，危险情况优先救护幼儿”。因此，幼儿园保教人员必须牢固树立“人命关天，安全第一”的观念和“安全责任重于泰山”的意识，做好有效安全防范措施。每天必须强化对幼儿午睡的巡视，要加强对各类消毒用品的管理，做好消毒记录，认真排查各种不安全因素并及时上报园领导；密切关注幼儿的言行举止，发现异常要及时查找原因，不可有丝毫懈怠；做好疾病防治工作，培养幼儿良好的生活习惯；建立并严格执行有关卫生保健制度、安全防护和检查制度；提供合理的饮食，帮助幼儿养成良好的进餐习惯。必须将各种安全隐患消除或排除在萌芽状态，确保幼儿在园安全、健康。

（三）贯彻落实保教结合的原则

组织实施保教工作的能力是幼儿园教师引导幼儿健康发展的基础。保教人员应该充分尊重和关注幼儿在园中的生活教育细节，将保育和教育相结合，为他们营造出宽松和谐的学习和生活环境，让他们在关心与爱护中养成良好的生活习惯，促进他们生活能力的提升。例如，在每天的入园和离园环节中，教师和保育员都应礼貌、热情地与幼儿问好和道别，与家长进行简单沟通，以便相互了解孩子的身体状况与常规表现。让孩子在耳濡目染中养成良好的文明礼仪行为习惯，形成谦虚有礼、真诚善良的性格；在日常的学习与游戏时，保教人员要事先检查活动场地及教具，教师也要充分地准备好孩子学习、游戏时需要的用具和器械，在学习与游戏进行时保育员也应适时地介入，对幼儿不良的学习习惯，以及活动要求进行适当的引导与培养，促进他们身心发展，并使他们能够在教师教学的过程中积极配合。《专业标准》明确提出要“注重保教结合”，不仅将“一日生活的组织与保育”作为重要的专项领域要求，而且对教师提出了多项具体要求，如“合理安排和组织一日生活的各个环节，将教育灵活地渗透到一日生活中”“科学照料幼儿日常生活”“充分利用一日生活中的各种教育契机，对幼儿进行随机教育”，真正将保教结合原则落到实处。

（四）具备从事幼教工作所必备的教育教学实践能力

教育教学实践能力是教师对幼儿施以积极影响、引导幼儿发展的基础，它很大程度上决定着幼儿园教育质量的高低。《专业标准》对幼儿园教师必须具备的教育教学能力提出了明确要求，特别强调教师要具有观察了解幼儿、掌握不同年龄幼儿身心发展特点和个体差异的能力；要具有环境的创设与利用、一日生活的组织与保育、游戏活动的支持与引导、教育活动的计划与实施、对幼儿的激励与评价等基本专业能力。此外，教师还应根据幼儿的特点和需要，给予适宜的指导，并引发和支持幼儿的主动活动，引导幼儿在游戏中获得多方面的发展；要学会关注幼儿的日常表现，及时发现和赏识每个幼儿的点滴进步，注重激发和保护幼儿的积极性和信心；要培养幼儿的想象力，发掘幼儿的兴趣爱好。

(五) 擅长与人沟通协调、团结协作

幼儿园保教人员擅长与幼儿及家长沟通，与同事团结协作，是幼儿园保教工作顺利展开、有序进行的基石，它能营造和谐、融洽的工作氛围，使人精神愉悦。《专业标准》明确要共同发展，要善于与幼儿进行有效的沟通，与家长沟通合作，共同促进幼儿发展。因此，幼儿园保教人员应主动与家长联系，有计划地进行家访，向家长报告孩子的身心发展情况，虚心接受批评建议，共商教育方略；在园内则应团结同事，尊重他人，互谅互让，夸其优，学其长，实现共同发展。

(六) 具有反思与自主的专业发展能力

《专业标准》强调教师要具有不断进行专业化学习、实践、反思和提高的意识，强调了幼儿园教师"终身学习"的可持续发展理念。这是当今时代社会发展、教育改革对教师的必然要求，也是幼儿不断成长的必然要求。《专业标准》第六十条和第六十二条要求幼儿园教师在教育工作中应"主动收集分析相关信息，不断进行反思，改进保教工作"，同时，应"制订专业发展规划"，适应国际教育改革的趋势。通过不断的学习、实践、反思，不断提高自身专业素质，从而为学前教育质量的提高和幼儿的身心健康发展打下良好的基础。

四、专业的行动

虽然《专业标准》提出了具体的要求，但要想成为优秀的幼儿园教师，归根结底还要靠每位老师自身专业的行动，具体可以从以下三个方面展开行动：

(一) 养成专业态度

1. 遵纪守法

要想成为一名优秀的幼儿园教师，就要遵守相关法律法规对幼儿园教师任职资格的相关规定。首先，应具有良好的政治素质和道德品质，遵守宪法和法律，履行学前教育法律法规规定的义务。其次，应具备承担教育教学工作所必需的基本素质和能力，达到教育教学能力标准要求，贯彻国家的教育方针，执行学校的教学计划。最后，要努力提高自我修养，不断完善自身的师德修养，培养耐心、豁达、宽容的个性品质，以深厚的学养和高尚的人格吸引幼儿。

2. 师德高尚，学为人师、行为世范

幼儿园教师的工作需要爱心、责任心、耐心和细心。幼儿处在身心发展的重要阶段，生活自理能力还比较弱，特别需要老师周到的照顾和呵护。幼儿园保教人员只有具备爱心、责任心、耐心和细心，并切实做到口勤、眼勤、脑勤、手勤和腿勤，才能

确保入园幼儿的安全健康，才能使幼儿园保教工作质量稳步上升，从而使学前教育事业得到长足发展。

3. 要爱和相信孩子，把整个心灵献给孩子

（1）要爱孩子

优秀的教师应该充满爱心，应该把自己的身心都奉献给孩子。一个好的教师，首先应当热爱孩子、接近孩子，善于和孩子交朋友。因为这是做好教育教学工作的最基本的前提，也是教育素养中起决定作用的一种品质。苏霍姆林斯基说："教育技巧的全部奥秘在于教师如何热爱孩子。"孩子都有一颗敏感的心，能够辨别教师对他们的情感和态度。教师只有把爱心献给孩子，孩子才能积极地接受教师的教育，从中获得愉快和满足，从而达到教育孩子的目的。

师爱是人类复杂情感中最高尚的爱，既包含关爱幼小、促进新一代发展的自然朴素之情，更有对国家、民族的美好未来的憧憬和责任。教师对学生的爱，包含了对学生中每一成员的关心、尊重、理解和期待。热爱学生是教师的天职，是教师高尚道德情操的体现。师生关系的和谐性，直接关系到教育过程的进展和成效。爱孩子就要接触孩子，"教师不仅要成为一个教导者，而且要成为学生的朋友，和他们一起克服困难，一起感受欢乐和忧愁，要忘记自己是个教师"。

（2）要相信孩子

教师应该信任、理解并尊重孩子，相信孩子的能力，让孩子感受到教师对自己的信任。这是孩子积极向上的巨大动力。理解孩子的喜怒哀乐，尊重孩子的愿望是形成良好的师幼关系的重要条件，也是教育工作的核心本质。

要爱护儿童敏感的心灵，不要轻易惩罚孩子。苏霍姆林斯基说："在影响学生的内心世界时，不应挫伤他们心灵中最敏感的一个角落——人的自尊心。"自尊心是人们希望别人肯定和重视以及自我肯定的一种积极情感，是不断追求、进取向上的动力，是生活的精神支柱，有了自尊心，人才能自爱、自严、自重；做了错事才能自责，才能自我评价和自我监督，自我控制及自我教育。因此，尊重学生是教师的重要道德要求。高素质的教师应该真诚地热爱每一位学生，应该平等地"把整个心灵献给孩子"。大师用自己的行动给广大教育工作者指明了方向，激励我们用童心唤醒爱心，用爱心滋润童心。

要爱护儿童敏感的心灵，不要轻易惩罚孩子。苏霍姆林斯基说："在影响学生的内心世界时，不应挫伤他们心头中最敏感的一个角落——人的自尊心"。自尊心是人们希望别人肯定和重视以及自我肯定的一种积极情感，是不断追求、进取向上的动力，是生活的精神支柱，有了自尊心，人才能自爱、自严、自重；做了错事才能自责，才能自我评价、自我监督、自我控制、自我教育。因此，尊重学生是教师的重要道德要求。高素质的教师应该真诚地热爱每一位学生，应该平等地对"把整个心灵献给孩子"。大师用自己的行动给广大教育工作者指明了方向，激励我们用童心唤醒爱心，用爱心滋润童心。

教育，首先是教师跟孩子精神上的交流。对于孩子来说，最好的教师是在精神交往中忘记自己是教师而把自己的学生视为朋友且志同道合的那种教师。“要成为孩子的真正教育者，就要把自己的心奉献给他们!”在日常的教育活动中，不要吝啬自己动人的微笑、由衷的赞叹、热情的鼓励、真诚的帮助和无私的爱心，它们是清香宜人的玫瑰，它们是哺育万物的阳光雨露，它们是滋补孩子们心灵的灵丹妙药。希望所有老师都能把爱孩子放在第一位，以心换心，一定会有不一样的收获的!

(二) 加强自身修养

1. 取得幼儿教师资格

幼儿园教师必须在规定的时限内取得幼儿园教师资格，具体来说，要达到以下要求：(1) 拥有幼儿师范学校大学专科及以上学历；(2) 年龄在18周岁以上且未达到退休年龄；(3) 普通话二级甲等及以上；(4) 身体健康、心理素质好；(5) 遵守宪法和法律；(6) 真心地热爱教育事业；(7) 通过《综合素质》《保教知识与能力》笔试和面试。

2. 提升专业知识

优秀的幼儿园教师应该具备幼儿发展知识、幼儿保育和教育知识、通识性知识，具有多学科的知识结构，其知识水平可以广而不深，即懂得的知识要多，知识面要宽，对幼儿的求知和提问能做到有问必答。(1) 熟悉并掌握幼儿教育学、心理学专业理论，了解当前的各种幼儿教育模式，具有参与幼儿教育改革和教育科研活动的能力。(2) 熟练掌握幼儿智力训练的各种教育技能及各科教学法，能有效利用幼儿的身心发展特点及其兴趣和爱好，以创造性的教学方法开发幼儿的智力。(3) 具有较好的组织和管理才能，能管理和组织好班级活动，有效地进行集体教育。(4) 掌握幼儿卫生保健理论，懂得营养学和常见病、传染病和外伤的简易处理知识。

3. 强化专业技能

优秀的幼儿园教师应具备环境的创设与利用、一日生活的组织与保育、游戏活动的支持与引导、教育活动的计划与实施、激励与评价、沟通与合作、反思与发展等方面的技能。

优秀的幼儿园教师还应掌握音乐、舞蹈、美术等方面的技能，可以总结为“八会”。(1) 会说。① 正确使用普通话，并积极指导幼儿说普通话。② 能用准确、规范的语言组织教学活动，做到语言清楚、生动、流畅。(2) 会写。① 能写规范、端正的铅笔字、钢笔字和粉笔字，提倡会写毛笔字。② 会写教育计划、教育笔记、观察记录和教育总结等。③ 能创编简单的儿歌、故事等。(3) 会画。① 掌握绘画技能，会教幼儿绘画并共同布置环境。② 会写美术字。③ 会选择优秀的美术作品和适合幼儿欣赏的自然景物，陶冶幼儿的审美情操。(4) 会唱。① 掌握基本的唱歌技能。② 会正确地、有感情地教唱幼儿歌曲。(5) 会弹。① 认识简谱、五线谱。② 会用一种键盘乐器，正确、熟练地演奏幼儿歌曲，并能自弹自唱。（6）会舞。① 会跳一定数量的幼儿舞蹈。② 会编排简单的幼儿舞蹈，能教给幼儿舞蹈的基本动作和节奏等。（7）会做。能用各种材料（主要是废旧物品）制作教具和玩具。（8）会用。① 能操作、使用电化教学技术。② 会使用幼儿园的各种图书、资料和教育设施设备。

（三）做好专业发展

1. 学会自我管理

（1）做一个好人。先学会做人，后学会为师。无疑，如果做人的行为准则都没有把握好，是不可能成为一名合格的人民教师的。面对基本无自理与自我防备能力的幼儿，幼儿园保教人员首先必须是个好人，坏人绝不能担当幼儿园保教人员，这是做好教师工作的根本前提。

（2）做一名好教师。对教育教学教研实践活动的自我管理是幼儿园保教人员自我管理的核心，是促进自我专业成长，使自己最终成为一名优秀的幼教工作者的根本所在。它包括自我发展计划（职业生涯规划）、教学活动的创意设计、教育资源的整合与研究以及对自己教育教学工作的反思、总结。

（3）做一名好管家。幼儿园"麻雀虽小，五脏俱全"，它也是社会的一个基层单位，有行政性事务需要人管理。要成为一名优秀的管理者，必须树立自我管理意识，加强自身管理，包括：明确工作职责，制订管理计划，按原则办事，牢固树立团队意识，以身作则，廉洁自律。

2. 教、学、研相长

首先要改变两个认识上的误区：第一，我有必要搞研究吗？我只是做实际工作的人，园里怎么布置我怎么做，用不着去思考、去研究，只要把幼儿"看住"就可以了，只"管"不"育"。第二，我也能搞研究吗？研究多神秘呀！"作文"都写不来，还能研究？研究是你们高等院校和科研院所的事情。

优秀的幼儿园教师应具备以下研究素养：

（1）教育研究的道德素养：追求真理的精神、严谨治学的态度、集体协作的精神。

（2）教育研究的理论素养：教育基本理论知识、教育研究的专门知识、相关学科知识。

（3）教育研究的能力素养：发现问题的能力、反思追问的能力、开拓创新的能力、实际动手的能力、组织协调的能力、分析评价的能力。

知识拓展

9－1　幼儿园教师日常行为规范基本要求

9－2　幼儿园教师师德量化评分表

9－3　幼儿园教师业务培训记录

实战演练

1.【2017 下《保教知识与能力》·单选】下列不属于幼儿园教师工作职责的内容的是（　　）。

A. 观察了解幼儿，制订教育工作计划

B. 指导调配幼儿膳食，检查食品卫生

C. 创设良好的教育环境，合理组织教育内容

D. 与家长保持经常联系，共同完成教育任务

2.【单选】《幼儿园教师专业标准（试行）》规定，我国幼儿园教师专业标准的基本理念是（　　）。

A. 师德为先，幼儿为本，能力为重，知识为主

B. 幼儿为本，能力为重，知识为主，终身学习

C. 幼儿为本，师德为先，能力为重，终身学习

D. 师德为先，幼儿为本，知识为主，终身学习

3.【单选】中午起床时，老师发现浩浩尿裤子了。这时老师正确的做法是（　　）。

A. 不予理睬，等他自然晾干

B. 领到没人的房间换好裤子，并安慰他

C. 当着全班小朋友的面给他换

D. 一边给他换裤子，一边批评他

4.【单选】下列属于我国幼儿园教育中最突出、最重要的原则的是（　　）。

A. 保教结合原则　　B. 综合性原则

C. 发展性原则　　D. 独立自主性原则

5.【单选】实现保教合一的前提是（　　）。

A. 良好的工作伙伴关系与师生关系　　B. 教师的保育意识

C. 保育员的工作态度　　D. 幼儿的自理能力

6.【简答】简述《专业标准》的 16 字理念及其内涵。

7.【2018 上《保教知识与能力》·简答】简述幼儿园教师的工作职责。

8.【2021 下《保教知识与能力》·论述】幼儿园教师应该具备哪些专业能力？

项目九
知识拓展及实战演练答案

附录

幼儿园工作规程

第一章　总则

第一条　为了加强幼儿园的科学管理，规范办园行为，提高保育和教育质量，促进幼儿身心健康，依据《中华人民共和国教育法》等法律法规，制订本规程。

第二条　幼儿园是对3周岁以上学龄前幼儿实施保育和教育的机构。幼儿园教育是基础教育的重要组成部分，是学校教育制度的基础阶段。

第三条　幼儿园的任务是：贯彻国家的教育方针，按照保育与教育相结合的原则，遵循幼儿身心发展特点和规律，实施德、智、体、美等方面全面发展的教育，促进幼儿身心和谐发展。

幼儿园同时面向幼儿家长提供科学育儿指导。

第四条　幼儿园适龄幼儿一般为3周岁至6周岁。

幼儿园一般为三年制。

第五条　幼儿园保育和教育的主要目标是：

（一）促进幼儿身体正常发育和机能的协调发展，增强体质，促进心理健康，培养良好的生活习惯、卫生习惯和参加体育活动的兴趣。

（二）发展幼儿智力，培养正确运用感官和运用语言交往的基本能力，增进对环境的认识，培养有益的兴趣和求知欲望，培养初步的动手探究能力。

（三）萌发幼儿爱祖国、爱家乡、爱集体、爱劳动、爱科学的情感，培养诚实、自信、友爱、勇敢、勤学、好问、爱护公物、克服困难、讲礼貌、守纪律等良好的品德行为和习惯，以及活泼开朗的性格。

（四）培养幼儿初步感受美和表现美的情趣和能力。

第六条　幼儿园教职工应当尊重、爱护幼儿，严禁虐待、歧视、体罚和变相体罚、侮辱幼儿人格等损害幼儿身心健康的行为。

第七条　幼儿园可分为全日制、半日制、定时制、季节制和寄宿制等。上述形式可分别设置，也可混合设置。

第二章　幼儿入园和编班

第八条　幼儿园每年秋季招生。平时如有缺额，可随时补招。

幼儿园对烈士子女、家中无人照顾的残疾人子女、孤儿、家庭经济困难幼儿、具有接受普通教育能力的残疾儿童等入园，按照国家和地方的有关规定予以照顾。

第九条 企业、事业单位和机关、团体、部队设置的幼儿园，除招收本单位工作人员的子女外，应当积极创造条件向社会开放，招收附近居民子女入园。

第十条 幼儿入园前，应当按照卫生部门制订的卫生保健制度进行健康检查，合格者方可入园。

幼儿入园除进行健康检查外，禁止任何形式的考试或测查。

第十一条 幼儿园规模应当有利于幼儿身心健康，便于管理，一般不超过360人。

幼儿园每班幼儿人数一般为：小班（3周岁至4周岁）25人，中班（4周岁至5周岁）30人，大班（5周岁至6周岁）35人，混合班30人。寄宿制幼儿园每班幼儿人数酌减。

幼儿园可以按年龄分别编班，也可以混合编班。

第三章 幼儿园的安全

第十二条 幼儿园应当严格执行国家和地方幼儿园安全管理的相关规定，建立健全门卫、房屋、设备、消防、交通、食品、药物、幼儿接送交接、活动组织和幼儿就寝值守等安全防护和检查制度，建立安全责任制和应急预案。

第十三条 幼儿园的园舍应当符合国家和地方的建设标准，以及相关安全、卫生等方面的规范，定期检查维护，保障安全。幼儿园不得设置在污染区和危险区，不得使用危房。

幼儿园的设备设施、装修装饰材料、用品用具和玩教具材料等，应当符合国家相关的安全质量标准和环保要求。

入园幼儿应当由监护人或者其委托的成年人接送。

第十四条 幼儿园应当严格执行国家有关食品药品安全的法律法规，保障饮食饮水卫生安全。

第十五条 幼儿园教职工必须具有安全意识，掌握基本急救常识和防范、避险、逃生、自救的基本方法，在紧急情况下应当优先保护幼儿的人身安全。

幼儿园应当把安全教育融入一日生活，并定期组织开展多种形式的安全教育和事故预防演练。

幼儿园应当结合幼儿年龄特点和接受能力开展反家庭暴力教育，发现幼儿遭受或者疑似遭受家庭暴力的，应当依法及时向公安机关报案。

第十六条 幼儿园应当投保校方责任险。

第四章　幼儿园的卫生保健

第十七条　幼儿园必须切实做好幼儿生理和心理卫生保健工作。

幼儿园应当严格执行《托儿所幼儿园卫生保健管理办法》以及其他有关卫生保健的法规、规章和制度。

第十八条　幼儿园应当制订合理的幼儿一日生活作息制度。正餐间隔时间为3.5—4小时。在正常情况下，幼儿户外活动时间（包括户外体育活动时间）每天不得少于2小时，寄宿制幼儿园不得少于3小时；高寒、高温地区可酌情增减。

第十九条　幼儿园应当建立幼儿健康检查制度和幼儿健康卡或档案。每年体检一次，每半年测身高、视力一次，每季度量体重一次；注意幼儿口腔卫生，保护幼儿视力。

幼儿园对幼儿健康发展状况定期进行分析、评价，及时向家长反馈结果。

幼儿园应当关注幼儿心理健康，注重满足幼儿的发展需要，保持幼儿积极的情绪状态，让幼儿感受到尊重和接纳。

第二十条　幼儿园应当建立卫生消毒、晨检、午检制度和病儿隔离制度，配合卫生部门做好计划免疫工作。

幼儿园应当建立传染病预防和管理制度，制订突发传染病应急预案，认真做好疾病防控工作。

幼儿园应当建立患病幼儿用药的委托交接制度，未经监护人委托或者同意，幼儿园不得给幼儿用药。幼儿园应当妥善管理药品，保证幼儿用药安全。

幼儿园内禁止吸烟、饮酒。

第二十一条　供给膳食的幼儿园应当为幼儿提供安全卫生的食品，编制营养平衡的幼儿食谱，定期计算和分析幼儿的进食量和营养素摄取量，保证幼儿合理膳食。

幼儿园应当每周向家长公示幼儿食谱，并按照相关规定进行食品留样。

第二十二条　幼儿园应当配备必要的设备设施，及时为幼儿提供安全卫生的饮用水。

幼儿园应当培养幼儿良好的大小便习惯，不得限制幼儿便溺的次数、时间等。

第二十三条　幼儿园应当积极开展适合幼儿的体育活动，充分利用日光、空气、水等自然因素以及本地自然环境，有计划地锻炼幼儿肌体，增强身体的适应和抵抗能力。正常情况下，每日户外体育活动不得少于1小时。

幼儿园在开展体育活动时，应当对体弱或有残疾的幼儿予以特殊照顾。

第二十四条　幼儿园夏季要做好防暑降温工作，冬季要做好防寒保暖工作，防止中暑和冻伤。

第五章 幼儿园的教育

第二十五条 幼儿园教育应当贯彻以下原则和要求：

（一）德、智、体、美等方面的教育应当互相渗透，有机结合。

（二）遵循幼儿身心发展规律，符合幼儿年龄特点，注重个体差异，因人施教，引导幼儿个性健康发展。

（三）面向全体幼儿，热爱幼儿，坚持积极鼓励、启发引导的正面教育。

（四）综合组织健康、语言、社会、科学、艺术各领域的教育内容，渗透于幼儿一日生活的各项活动中，充分发挥各种教育手段的交互作用。

（五）以游戏为基本活动，寓教育于各项活动之中。

（六）创设与教育相适应的良好环境，为幼儿提供活动和表现能力的机会与条件。

第二十六条 幼儿一日活动的组织应当动静交替，注重幼儿的直接感知、实际操作和亲身体验，保证幼儿愉快的、有益的自由活动。

第二十七条 幼儿园日常生活组织，应当从实际出发，建立必要、合理的常规，坚持一贯性和灵活性相结合，培养幼儿的良好习惯和初步的生活自理能力。

第二十八条 幼儿园应当为幼儿提供丰富多样的教育活动。

教育活动内容应当根据教育目标、幼儿的实际水平和兴趣确定，以循序渐进为原则，有计划地选择和组织。

教育活动的组织应当灵活地运用集体、小组和个别活动等形式，为每个幼儿提供充分参与的机会，满足幼儿多方面发展的需要，促进每个幼儿在不同水平上得到发展。

教育活动的过程应注重支持幼儿的主动探索、操作实践、合作交流和表达表现，不应片面追求活动结果。

第二十九条 幼儿园应当将游戏作为对幼儿进行全面发展教育的重要形式。

幼儿园应当因地制宜创设游戏条件，提供丰富、适宜的游戏材料，保证充足的游戏时间，开展多种游戏。

幼儿园应当根据幼儿的年龄特点指导游戏，鼓励和支持幼儿根据自身兴趣、需要和经验水平，自主选择游戏内容、游戏材料和伙伴，使幼儿在游戏过程中获得积极的情绪情感，促进幼儿能力和个性的全面发展。

第三十条 幼儿园应当将环境作为重要的教育资源，合理利用室内外环境，创设开放的、多样的区域活动空间，提供适合幼儿年龄特点的丰富的玩具、操作材料和幼儿读物，支持幼儿自主选择和主动学习，激发幼儿学习的兴趣与探究的愿望。

幼儿园应当营造尊重、接纳和关爱的氛围，建立良好的同伴和师生关系。

幼儿园应当充分利用家庭和社区的有利条件，丰富和拓展幼儿园的教育资源。

第三十一条 幼儿园的品德教育应当以情感教育和培养良好行为习惯为主，注重潜移默化的影响，并贯穿于幼儿生活以及各项活动之中。

第三十二条　幼儿园应当充分尊重幼儿的个体差异，根据幼儿不同的心理发展水平，研究有效的活动形式和方法，注重培养幼儿良好的个性心理品质。

幼儿园应当为在园残疾儿童提供更多的帮助和指导。

第三十三条　幼儿园和小学应当密切联系，互相配合，注意两个阶段教育的相互衔接。

幼儿园不得提前教授小学教育内容，不得开展任何违背幼儿身心发展规律的活动。

第六章　幼儿园的园舍、设备

第三十四条　幼儿园应当按照国家的相关规定设活动室、寝室、卫生间、保健室、综合活动室、厨房和办公用房等，并达到相应的建设标准。有条件的幼儿园应当优先扩大幼儿游戏和活动空间。

寄宿制幼儿园应当增设隔离室、浴室和教职工值班室等。

第三十五条　幼儿园应当有与其规模相适应的户外活动场地，配备必要的游戏和体育活动设施，创造条件开辟沙地、水池、种植园地等，并根据幼儿活动的需要绿化、美化园地。

第三十六条　幼儿园应当配备适合幼儿特点的桌椅、玩具架、盥洗卫生用具，以及必要的玩教具、图书和乐器等。

玩教具应当具有教育意义并符合安全、卫生要求。幼儿园应当因地制宜，就地取材，自制玩教具。

第三十七条　幼儿园的建筑规划面积、建筑设计和功能要求，以及设施设备、玩教具配备，按照国家和地方的相关规定执行。

第七章　幼儿园的教职工

第三十八条　幼儿园按照国家相关规定设园长、副园长、教师、保育员、卫生保健人员、炊事员和其他工作人员等岗位，配足配齐教职工。

第三十九条　幼儿园教职工应当贯彻国家教育方针，具有良好品德，热爱教育事业，尊重和爱护幼儿，具有专业知识和技能以及相应的文化和专业素养，为人师表，忠于职责，身心健康。

幼儿园教职工患传染病期间暂停在幼儿园的工作。有犯罪、吸毒记录和精神病史者不得在幼儿园工作。

第四十条　幼儿园园长应当符合本规程第三十九条规定，并应当具有《教师资格条例》规定的教师资格、具备大专以上学历、有三年以上幼儿园工作经历和一定的组织管理能力，并取得幼儿园园长岗位培训合格证书。

幼儿园园长由举办者任命或者聘任，并报当地主管的教育行政部门备案。

幼儿园园长负责幼儿园的全面工作，主要职责如下：

（一）贯彻执行国家的有关法律、法规、方针、政策和地方的相关规定，负责建立并组织执行幼儿园的各项规章制度；

（二）负责保育教育、卫生保健、安全保卫工作；

（三）负责按照有关规定聘任、调配教职工，指导、检查和评估教师以及其他工作人员的工作，并给予奖惩；

（四）负责教职工的思想工作，组织业务学习，并为他们的学习、进修、教育研究创造必要的条件；

（五）关心教职工的身心健康，维护他们的合法权益，改善他们的工作条件；

（六）组织管理园舍、设备和经费；

（七）组织和指导家长工作；

（八）负责与社区的联系和合作。

第四十一条　幼儿园教师必须具有《教师资格条例》规定的幼儿园教师资格，并符合本规程第三十九条规定。

幼儿园教师实行聘任制。

幼儿园教师对本班工作全面负责，其主要职责如下：

（一）观察了解幼儿，依据国家有关规定，结合本班幼儿的发展水平和兴趣需要，制订和执行教育工作计划，合理安排幼儿一日生活；

（二）创设良好的教育环境，合理组织教育内容，提供丰富的玩具和游戏材料，开展适宜的教育活动；

（三）严格执行幼儿园安全、卫生保健制度，指导并配合保育员管理本班幼儿生活，做好卫生保健工作；

（四）与家长保持经常联系，了解幼儿家庭的教育环境，商讨符合幼儿特点的教育措施，相互配合共同完成教育任务；

（五）参加业务学习和保育教育研究活动；

（六）定期总结评估保教工作实效，接受园长的指导和检查。

第四十二条　幼儿园保育员应当符合本规程第三十九条规定，并应当具备高中毕业以上学历，受过幼儿保育职业培训。

幼儿园保育员的主要职责如下：

（一）负责本班房舍、设备、环境的清洁卫生和消毒工作；

（二）在教师指导下，科学照料和管理幼儿生活，并配合本班教师组织教育活动；

（三）在卫生保健人员和本班教师指导下，严格执行幼儿园安全、卫生保健制度；

（四）妥善保管幼儿衣物和本班的设备、用具。

第四十三条　幼儿园卫生保健人员除符合本规程第三十九条规定外，医师应当取得卫生行政部门颁发的《医师执业证书》；护士应当取得《护士执业证书》；保健员应当具有高中毕业以上学历，并经过当地妇幼保健机构组织的卫生保健专业知识培训。

幼儿园卫生保健人员对全园幼儿身体健康负责，其主要职责如下：

（一）协助园长组织实施有关卫生保健方面的法规、规章和制度，并监督执行；

（二）负责指导调配幼儿膳食，检查食品、饮水和环境卫生；

（三）负责晨检、午检和健康观察，做好幼儿营养、生长发育的监测和评价；定期组织幼儿健康体检，做好幼儿健康档案管理；

（四）密切与当地卫生保健机构的联系，协助做好疾病防控和计划免疫工作；

（五）向幼儿园教职工和家长进行卫生保健宣传和指导。

（六）妥善管理医疗器械、消毒用具和药品。

第四十四条　幼儿园其他工作人员的资格和职责，按照国家和地方的有关规定执行。

第四十五条　对认真履行职责、成绩优良的幼儿园教职工，应当按照有关规定给予奖励。

对不履行职责的幼儿园教职工，应当视情节轻重，依法依规给予相应处分。

第八章　幼儿园的经费

第四十六条　幼儿园的经费由举办者依法筹措，保障有必备的办园资金和稳定的经费来源。

按照国家和地方相关规定接受财政扶持的提供普惠性服务的国有企事业单位办园、集体办园和民办园等幼儿园，应当接受财务、审计等有关部门的监督检查。

第四十七条　幼儿园收费按照国家和地方的有关规定执行。

幼儿园实行收费公示制度，收费项目和标准向家长公示，接受社会监督，不得以任何名义收取与新生入园相挂钩的赞助费。

幼儿园不得以培养幼儿某种专项技能、组织或参与竞赛等为由，另外收取费用；不得以营利为目的组织幼儿表演、竞赛等活动。

第四十八条　幼儿园的经费应当按照规定的使用范围合理开支，坚持专款专用，不得挪作他用。

第四十九条　幼儿园举办者筹措的经费，应当保证保育和教育的需要，有一定比例用于改善办园条件和开展教职工培训。

第五十条　幼儿膳食费应当实行民主管理制度，保证全部用于幼儿膳食，每月向家长公布账目。

第五十一条　幼儿园应当建立经费预算和决算审核制度，经费预算和决算应当提交园务委员会审议，并接受财务和审计部门的监督检查。

幼儿园应当依法建立资产配置、使用、处置、产权登记、信息管理等管理制度，严格执行有关财务制度。

第九章　幼儿园、家庭和社区

第五十二条　幼儿园应当主动与幼儿家庭沟通合作，为家长提供科学育儿宣传指导，帮助家长创设良好的家庭教育环境，共同担负教育幼儿的任务。

第五十三条　幼儿园应当建立幼儿园与家长联系的制度。幼儿园可采取多种形式，指导家长正确了解幼儿园保育和教育的内容、方法，定期召开家长会议，并接待家长的来访和咨询。

幼儿园应当认真分析、吸收家长对幼儿园教育与管理工作的意见与建议。

幼儿园应当建立家长开放日制度。

第五十四条　幼儿园应当成立家长委员会。

家长委员会的主要任务是：对幼儿园重要决策和事关幼儿切身利益的事项提出意见和建议；发挥家长的专业和资源优势，支持幼儿园保育教育工作；帮助家长了解幼儿园工作计划和要求，协助幼儿园开展家庭教育指导和交流。

家长委员会在幼儿园园长指导下工作。

第五十五条　幼儿园应当加强与社区的联系与合作，面向社区宣传科学育儿知识，开展灵活多样的公益性早期教育服务，争取社区对幼儿园的多方面支持。

第十章　幼儿园的管理

第五十六条　幼儿园实行园长负责制。

幼儿园应当建立园务委员会。园务委员会由园长、副园长、党组织负责人和保教、卫生保健、财会等方面工作人员的代表以及幼儿家长代表组成。园长任园务委员会主任。

园长定期召开园务委员会会议，遇重大问题可临时召集，对规章制度的建立、修改、废除，全园工作计划，工作总结，人员奖惩，财务预算和决算方案，以及其他涉及全园工作的重要问题进行审议。

第五十七条　幼儿园应当加强党组织建设，充分发挥党组织政治核心作用、战斗堡垒作用。幼儿园应当为工会、共青团等其他组织开展工作创造有利条件，充分发挥其在幼儿园工作中的作用。

第五十八条　幼儿园应当建立教职工大会制度或者教职工代表大会制度，依法加强民主管理和监督。

第五十九条　幼儿园应当建立教研制度，研究解决保教工作中的实际问题。

第六十条　幼儿园应当制订年度工作计划，定期部署、总结和报告工作。每学年年末应当向教育等行政主管部门报告工作，必要时随时报告。

第六十一条　幼儿园应当接受上级教育、卫生、公安、消防等部门的检查、监督和指导，如实报告工作和反映情况。

幼儿园应当依法接受教育督导部门的督导。

第六十二条　幼儿园应当建立业务档案、财务管理、园务会议、人员奖惩、安全管理以及与家庭、小学联系等制度。

幼儿园应当建立信息管理制度，按照规定采集、更新、报送幼儿园管理信息系统的相关信息，每年向主管教育行政部门报送统计信息。

第六十三条　幼儿园教师依法享受寒暑假期的带薪休假。幼儿园应当创造条件，在寒暑假期间，安排工作人员轮流休假。具体办法由举办者制订。

第十一章　附则

第六十四条　本规程适用于城乡各类幼儿园。

第六十五条　省、自治区、直辖市教育行政部门可根据本规程，制订具体实施办法。

第六十六条　本规程自 2016 年 3 月 1 日起施行。1996 年 3 月 9 日由原国家教育委员会令第 25 号发布的《幼儿园工作规程》同时废止。

幼儿园教师专业标准（试行）

为促进幼儿园教师专业发展，建设高素质幼儿园教师队伍，根据《中华人民共和国教师法》，特制订《幼儿园教师专业标准（试行）》（以下简称《专业标准》）。

幼儿园教师是履行幼儿园教育教学工作职责的专业人员，需要经过严格的培养与培训，具有良好的职业道德，掌握系统的专业知识和专业技能。《专业标准》是国家对合格幼儿园教师专业素质的基本要求，是幼儿园教师实施保教行为的基本规范，是引领幼儿园教师专业发展的基本准则，是幼儿园教师培养、准入、培训、考核等工作的重要依据。

一、基本理念

（一）师德为先

热爱学前教育事业，具有职业理想，践行社会主义核心价值体系，履行教师职业道德规范，依法执教。关爱幼儿，尊重幼儿人格，富有爱心、责任心、耐心和细心；为人师表，教书育人，自尊自律，做幼儿健康成长的启蒙者和引路人。

（二）幼儿为本

尊重幼儿权益，以幼儿为主体，充分调动和发挥幼儿的主动性；遵循幼儿身心发展特点和保教活动规律，提供适合的教育，保障幼儿快乐健康成长。

（三）能力为重

把学前教育理论与保教实践相结合，突出保教实践能力；研究幼儿，遵循幼儿成长规律，提升保教工作专业化水平；坚持实践、反思、再实践、再反思，不断提高专业能力。

（四）终身学习

学习先进学前教育理论，了解国内外学前教育改革与发展的经验和做法；优化知识结构，提高文化素养；具有终身学习与持续发展的意识和能力，做终身学习的典范。

二、基本内容

维度	领域	基本要求
专业理念与师德	（一）职业理解与认识	1. 贯彻党和国家教育方针政策，遵守教育法律法规。 2. 理解幼儿保教工作的意义，热爱学前教育事业，具有职业理想和敬业精神。 3. 认同幼儿园教师的专业性和独特性，注重自身专业发展。 4. 具有良好职业道德修养，为人师表。 5. 具有团队合作精神，积极开展协作与交流。
	（二）对幼儿的态度与行为	6. 关爱幼儿，重视幼儿身心健康，将保护幼儿生命安全放在首位。 7. 尊重幼儿人格，维护幼儿合法权益，平等对待每一位幼儿。不讽刺、挖苦、歧视幼儿，不体罚或变相体罚幼儿。 8. 信任幼儿，尊重个体差异，主动了解和满足有益于幼儿身心发展的不同需求。 9. 重视生活对幼儿健康成长的重要价值，积极创造条件，让幼儿拥有快乐的幼儿园生活。
	（三）幼儿保育和教育的态度与行为	10. 注重保教结合，培育幼儿良好的意志品质，帮助幼儿养成良好的行为习惯。 11. 注重保护幼儿的好奇心，培养幼儿的想象力，发掘幼儿的兴趣爱好。 12. 重视环境和游戏对幼儿发展的独特作用，创设富有教育意义的环境氛围，将游戏作为幼儿的主要活动。 13. 重视丰富幼儿多方面的直接经验，将探索、交往等实践活动作为幼儿最重要的学习方式。 14. 重视自身日常态度言行对幼儿发展的重要影响与作用。 15. 重视幼儿园、家庭和社区的合作，综合利用各种资源。
	（四）个人修养与行为	16. 富有爱心、责任心、耐心和细心。 17. 乐观向上、热情开朗，有亲和力。 18. 善于自我调节情绪，保持平和心态。 19. 勤于学习，不断进取。 20. 衣着整洁得体，语言规范健康，举止文明礼貌。
专业知识	（五）幼儿发展知识	21. 了解关于幼儿生存、发展和保护的有关法律法规及政策规定。 22. 掌握不同年龄幼儿身心发展特点、规律和促进幼儿全面发展的策略与方法。 23. 了解幼儿在发展水平、速度与优势领域等方面的个体差异，掌握对应的策略与方法。 24. 了解幼儿发展中容易出现的问题与适宜的对策。 25. 了解有特殊需要幼儿的身心发展特点及教育策略与方法。

续表

维度	领域	基本要求
专业知识	（六）幼儿保育和教育知识	26. 熟悉幼儿园教育的目标、任务、内容、要求和基本原则。 27. 掌握幼儿园各领域教育的学科特点与基本知识。 28. 掌握幼儿园环境创设、一日生活安排、游戏与教育活动、保育和班级管理的知识与方法。 29. 熟知幼儿园的安全应急预案，掌握意外事故和危险情况下幼儿安全防护与救助的基本方法。 30. 掌握观察、谈话、记录等了解幼儿的基本方法和教育心理学的基本原理和方法。 31. 了解 0—3 岁婴幼儿保教和幼小衔接的有关知识与基本方法。
	（七）通识性知识	32. 具有一定的自然科学和人文社会科学知识。 33. 了解中国教育基本情况。 34. 具有相应的艺术欣赏与表现知识。 35. 具有一定的现代信息技术知识。
专业能力	（八）环境的创设与利用	36. 建立良好的师幼关系，帮助幼儿建立良好的同伴关系，让幼儿感到温暖和愉悦。 37. 建立班级秩序与规则，营造良好的班级氛围，让幼儿感受到安全、舒适。 38. 创设有助于促进幼儿成长、学习、游戏的教育环境。 39. 合理利用资源，为幼儿提供和制作适合的玩教具和学习材料，引发和支持幼儿的主动活动。
	（九）一日生活的组织与保育	40. 合理安排和组织一日生活的各个环节，将教育灵活地渗透到一日生活中。 41. 科学照料幼儿日常生活，指导和协助保育员做好班级常规保育和卫生工作。 42. 充分利用各种教育契机，对幼儿进行随机教育。 43. 有效保护幼儿，及时处理幼儿的常见事故，危险情况优先救护幼儿。
	（十）游戏活动的支持与引导	44. 提供符合幼儿兴趣需要、年龄特点和发展目标的游戏条件。 45. 充分利用与合理设计游戏活动空间，提供丰富、适宜的游戏材料，支持、引发和促进幼儿的游戏。 46. 鼓励幼儿自主选择游戏内容、伙伴和材料，支持幼儿主动地、创造性地开展游戏，充分体验游戏的快乐和满足。 47. 引导幼儿在游戏活动中获得身体、认知、语言和社会性等多方面的发展。

续表

维度	领域	基本要求
专业能力	（十一）教育活动的计划与实施	48. 制订阶段性的教育活动计划和具体活动方案。 49. 在教育活动中观察幼儿，根据幼儿的表现和需要，调整活动，给予适宜的指导。 50. 在教育活动的设计和实施中体现趣味性、综合性和生活化，灵活运用各种组织形式和适宜的教育方式。 51. 提供更多的操作探索、交流合作、表达表现的机会，支持和促进幼儿主动学习。
	（十二）激励与评价	52. 关注幼儿日常表现，及时发现和赏识每个幼儿的点滴进步，注重激发和保护幼儿的积极性、自信心。 53. 有效运用观察、谈话、家园联系、作品分析等多种方法，客观地、全面地了解和评价幼儿。 54. 有效运用评价结果，指导下一步教育活动的开展。
	（十三）沟通与合作	55. 使用符合幼儿年龄特点的语言进行保教工作。 56. 善于倾听，和蔼可亲，与幼儿进行有效沟通。 57. 与同事合作交流，分享经验和资源，共同发展。 58. 与家长进行有效沟通合作，共同促进幼儿发展。 59. 协助幼儿园与社区建立合作互助的良好关系。
	（十四）反思与发展	60. 主动收集分析相关信息，不断进行反思，改进保教工作。 61. 针对保教工作中的现实需要与问题，进行探索和研究。 62. 制订专业发展规划，积极参加专业培训，不断提高自身专业素质。

三、实施建议

（一）各级教育行政部门要将《专业标准》作为幼儿园教师队伍建设的基本依据。根据学前教育改革发展的需要，充分发挥《专业标准》引领和导向作用，深化教师教育改革，建立教师教育质量保障体系，不断提高幼儿园教师培养培训质量。制订幼儿园教师准入标准，严把幼儿园教师入口关；制订幼儿园教师聘任（聘用）、考核、退出等管理制度，保障教师合法权益，形成科学有效的幼儿园教师队伍管理和督导机制。

（二）开展幼儿园教师教育的院校要将《专业标准》作为幼儿园教师培养培训的主要依据。重视幼儿园教师职业特点，加强学前教育学科和专业建设。完善幼儿园教师培养培训方案，科学设置教师教育课程，改革教育教学方式；重视幼儿园教师职业道德教育，重视社会实践和教育实习；加强从事幼儿园教师教育的师资队伍建设，建立科学的质量评价制度。

（三）幼儿园要将《专业标准》作为教师管理的重要依据。制订幼儿园教师专业发展规划，注重教师职业理想与职业道德教育，增强教师育人的责任感与使命感；开展园本研修，促进教师专业发展；完善教师岗位职责和考核评价制度，健全幼儿园教师绩效管理机制。

（四）幼儿园教师要将《专业标准》作为自身专业发展的基本依据。制订自我专业发展规划，爱岗敬业，增强专业发展自觉性；大胆开展保教实践，不断创新；积极进行自我评价，主动参加教师培训和自主研修，逐步提升专业发展水平。

参考文献

[1] 曾越. 幼儿园班级管理 [M]. 北京：北京师范大学出版社，2023.

[2] 关青. 幼儿园班级管理 [M]. 西安：陕西师范大学出版社，2013.

[3] 刘利民，晏波. 幼儿园班级管理 [M]. 北京：北京出版社，2017.

[4] 王劲松. 幼儿园班级管理 [M]. 北京：北京师范大学出版社，2013.

[5] 张富洪. 幼儿园班级管理 [M]. 上海：复旦大学出版社，2012.

[6] 李季湄，冯晓霞.《3～6 岁儿童学习与发展指南》解读 [M]. 北京：人民教育出版社，2013.

[7] 程凤春. 幼儿园管理的 50 个典型案例 [M]. 上海：华东师范大学出版社，2011.

[8] 王普华. 幼儿园管理 [M]. 北京：高等教育出版社，2010.

[9] 张作岭，宋立华. 班级管理 [M]. 北京：清华大学出版社，2010.

[10] 张莅颖. 幼儿园班级管理 [M]. 北京：高等教育出版社，2010.

[11] 赵春龙，王国昌. 幼儿园班级管理 [M]. 长沙：湖南大学出版社，2012.

[12] 张燕，邢利娅. 幼儿园组织与管理 [M]. 北京：北京师范大学出版社，2002.

[13] 许卓娅. 幼儿园课程理论与实践 [M]. 南京：南京师范大学出版社，2002.

[14] 苏霍姆林斯基. 育人三部曲 [M]. 毕淑芝，译. 北京：人民教育出版社，1998.